日本のイノベーション
岡山のパイオニア1

2007年公開講座講演集

山陽学園大学・山陽学園短期大学社会サービスセンター編

吉備人出版

沖新田（芥子山から望む沖新田、岡山市）

津田永忠の墓（国指定史跡、和気町）

山田方谷像（小倉魚禾筆、高梁方谷会蔵）

有終館跡（高梁市）

大江実太郎翁の碑（真庭市）

煙草乾燥小屋（高梁市）

倉敷ファッションセンター（倉敷市）

タカヤ繊維(株)の全景（井原市）

復元した原始葡萄温室（岡山市）

雄町米を収穫する利守社長と杜氏の田村豊和氏

笠井信一像
（『岡山県政史一明治・大正編　昭和前期編』）

留岡幸助像（『岡山県名鑑』）

大原孫三郎像（大原美術館提供）

倉敷労働科学研究所（『倉敷紡績百年史』）

一本松から望んだ錦海塩田跡（瀬戸内市）

東野﨑浜流下式の全景（現玉野市）

ナイカイ塩業玉野工場のイオン交換樹脂膜法設備 （(財)竜王会館提供）

ナイカイ塩業(株)本社工場の全景 （(財)竜王会館提供）

まえがき

本学では、例年社会サービス事業の一環として公開講座を開催していますが、平成16年度からその講座内容を集録し、今年度で4回目の刊行となりました。これを社会サービスセンターでは大変有益な資料として活用しており、地域社会に対しましても多少なりとも貢献をしているものと自負しているところであります。

今年度の公開講座は、6月9日から7月14日の土曜日毎に開催しましたが、学内外から10名の講師をお迎えして大変充実した内容となりました。そこで今年度も各講師にお願いしてその講演内容を集録し、このたび続刊を発行する運びになりましたことは喜ばしい限りでございます。

蒸し暑い時期の講座にもかかわらず熱心にご講演頂いた講師の方々、および最後まで熱心に聴講された受講生の方々には心より敬意を表したいと思います。

「愛と奉仕」を建学の精神として設立されて１２１年に及ぶ山陽学園から大学が生まれて既に13年、短大は38年になりますが、年々生涯教育への社会的関心が高まりつつあり、本学では教員の研究成果をより広く市民の方々にお伝えするために、毎年「公開講座」を学内および学外で積極的に開催して参りました。学園としましては、開かれた大学として学問内容を地域に広げながら、より豊かな社会、より充実した生活を市民の方々と共に創造していきたいと考えております。

今年度の公開講座のメインテーマは、昨今、政財界で唱えられております「イノベーション」を取り上げ、「日本のイノベーション・岡山のパイオニア」を共通テーマに、それぞれ毎週2人の個性豊かな講師による講座を開催致しました。

どの講座も本学内外の講師陣による大変幅広い講演内容で、大勢の社会人が参加され、受講者はこの講座を通じて新たな発見をされ、それぞれ個性的な視点から豊かな知識を吸収されたことでしょう。大勢の講師の先生方にはそれぞれ大変豊富な資料と豊かな内容のご講演を頂き、心から感謝申し上げます。

なお、この講座には岡山県、岡山市教育委員会および大学コンソーシアム岡山が後援して下さって開催できましたことを記し、後援者の方々に厚くお礼を申し上げます。また、社会サービスセンター長はじめ種々お世話頂いた関係諸氏のご尽力、及び協力して頂いた学生の方々に心から謝意を表します。この講演集が今後の地域の発展に資することを願って、第4巻刊行のご挨拶とする次第です。

平成19年10月1日

山陽学園大学・山陽学園短期大学　学長　赤木　忠厚

日本のイノベーション・岡山のパイオニア1／目　次

まえがき……山陽学園大学・山陽学園短期大学　学長　赤木　忠厚　1
池田綱政と津田永忠……就実大学名誉教授　柴田　一　5
山田方谷の藩政改革とその現代的意義……山陽学園大学非常勤講師　三宅　康久　29
岡山のタバコ……岡山近代史研究会会長　森元　辰昭　47
児島・井原の繊維産業……山陽学園大学教授　中島　茂　71
岡山の果樹……美作大学学長　目瀬　守男　95
岡山の米と酒……利守酒造（株）社長　利守　忠義　113
大原社研と倉敷労研……関西福祉大学教授　坂本　忠次　133
岡山県済世顧問制度について……山陽学園大学非常勤講師　阿部　紀子　153
瀬戸内塩田の跡地利用……岡山大学大学院環境学研究科後期博士課程　近藤紗智子　173
岡山の塩業……山陽学園大学特任教授　太田　健一　187
あとがき……216

装丁・稲岡　健吾

池田綱政と津田永忠

就実大学名誉教授
柴田一

はじめに──「藩政の確立」ということ──

豊臣の天下は秀吉一代で滅びてしまいましたが、徳川は家康から秀忠、家光、そして15代慶喜まで続きました。この違いはどこにあるのか。よく、「もしも豊臣秀吉の弟の秀長がもうちょっと長生きをしておったら、秀吉もあんなぶざまな最期は遂げなかっただろう。朝鮮出兵などもやらなかったろうに」といわれます。しかし、その人がいることによってもったりもたなかったりするというのは、組織ができていないということです。

ところが家康の場合は、二代、三代と続く過程で組織もできあがっていきます。組織によってちゃんと動くのですから、極端にいえばトップは誰であってもいいということになります。今の日本も、本当に官僚機構がきちっと整っていて変な役人がいなかったら、総理大臣は誰でもいいというわけです。それが、組織が確立しているということです。

岡山藩を見てみますと、かしこい大名もいれば、少々抜けている大名もいたかもしれません。しかし、少なくとも暴君はいなかった。「あれは大変悪いことをした」「人民を苦しめた」というような人はいません。これはやはり光政が偉かったと思うのです。光政以来ずっと光政の遺訓が生きているんです。「よその藩には光政のような人がいないものですから、唐の皇帝の誰それが偉かった、清朝にはこのような皇帝があった、などというように他国のお手本が必要だった。でも、岡山藩には光政公がいらっしゃる。光政公と同じことをあなたが忠実に実行すれば、あなたもいずれ光政公になれる。光政公の言われたこと、したことを本に書いてあげましょう」ということで『仰止録』とか『率章録』とか、いろいろの光政の言行録ができるわけです。そして皆がそれをまねしていたものだから変な者はいません。やはり先祖の遺訓というものは非常に重かったわけです。

岡山藩は、二代でできたと思います。一代は池田光政ですね。今日もご夫婦でおみえになっている方もあると思いますが、「あそこの家庭はいい」といわれるような家庭は、必ず脇役がいいんです。家の中で絶えず夫婦で内戦ばかりやっていますと、エネルギーを内で消耗して外で仕事ができないんですね。ですからとにかく「良き脇役を持つ」ということ。主役と脇役の名コンビです。光政でいいますと、脇役は熊沢蕃山です。「君臣水魚の交わり」といわれていましたように、この二人で協力して基礎づくりをしました。建物を造るときは、地下工事に手間を入れるものです。この基礎づくりが二人の仕事です。

二代目の綱政は、その上に派手な高層建物を造りました。それが元禄の文化事業と開発事業でして、実際これを担当したのは津田永忠です。この綱政と津田永忠との二人のコンビで高層建築ができあがる。これがいわゆる元禄時代でございます。

皆さんは光政という人の名前はよくご存じでしょう。しかし、綱政という名前はあまりお聞きになっていないかもしれません。昔、沖新田に「光政村」というのがありました。「津田村」というのもありました。ところが「綱政村」というのはありません。沖新田を造ったのは綱政です。あの時分、光政はすでに亡くなっていたのです。だから、あそこに光政村の名前を付けるのはおかしい。むしろ綱政村にするべきです。けれども、何しろ綱政は「愚か大名」「あほう大名」というので有名でした。「そんな名前を村の名前に付けたりすると、その村の者はあほうばかりが生まれてくる」というので、綱政村と付けなかったのではないかと思うのです。

しかし、この「愚か大名」といわれる綱政の時代に、後楽園はできるわ、閑谷学校はできるわ、曹源寺も一宮も、それから新田造りでは、倉田新田も造れば幸島新田も、沖新田もできる。百間川も造るし、田原用水も造る。どうして名君のときには造られないで、「愚か大名」の時にできたのか。綱政は本当に愚かだったのだろうか、と私は不思議に感じたわけです。不思議発見!!

池田光政と津田永忠

光政の側児小姓

光政と津田永忠は、親子ほどの年齢差があります。津田永忠は14歳のころ光政に側児小姓として仕えました。後には「憎まれ子」になりますけれど、当時は恐らくかわいい坊やだったのでしょう。それで側児小姓になったのでしょうが、光政と相性が合ったのです。人間には相性というものがあって、同じことをしても、相性が合わない相手だと、腹が立ったら切腹を命じるようなことがありますけれども、相性が合うと許せるんですね。

あるとき、津田永忠は不寝番をつとめていました。光政が夜中に目を覚まして「今の時計は何時《なんどき》か?」と聞きました。その時永忠はコックリコックリ居眠りをしていました。不寝番が寝ていたのですから、下手をすると切腹ものです。普通の人間だったらパッと目を覚まして時計を眺め「はい、今は何時でございます」と言ってごまかすものです。しかし、津田永忠は「私はすっかり寝込んでおりまして、今何時やら分かりません」と、こう答えた。光政は「そうか」と言ってまたクークー寝てしまいました。あくる朝、光政は、恐らく永忠はバツの悪い顔をしてモジモジするだろうと思っていました。ところが永忠は「はい時間になりました。これにて失礼」と、しゃあしゃあとした顔で出て行った。光政は家老を呼び、「将来池田家を背負って立つ男は、あの津田重二郎(津田永忠)であるぞ」と言いました。光政は正直な男が好きなのです。正直であり、勇気があること。そこが光政の気に入りました。それで津田永忠は長く光政のお側に仕えることになりました。

光政の下での働き

しかし、光政が津田永忠をさほど重く用いたようには思えません。彼の知行を見れば分かります。元服したときに150石、徒士頭《かちがしら》になって250石、大横目になって300石。つまり光政の下では一番たくさん知行をもらったときでも300石なんです。しかも彼は光政のもとで何をしたかというと、まず和意谷のお墓造りです。後に熊沢蕃山が津田永忠のことを「津田重二郎という男は、墓守をさせておくのが似合いの男だ」と悪口を言っています。その「墓守」というのは、和意谷の墓所の管理をしていたことをいったものです。和意谷という場所は、私は行ってみてびっくりしたのですが、車に乗って吉永からでも気が遠くなるほど山を上がって行きました。そこから車を降りてまだ歩いてどんどん参道を入って行くんです。気の短い人だったら途中で引き返しますよ。こんなところへなぜ墓を造ったのか、これが一つ疑問ですね。

閑谷学校も造っています。この建物を見ると、たいしたもんだとお思いでしょう。しかし、光政当時の閑谷学校は、吹けば飛ぶようなお粗末なものだったのです。光政はもともと手習所というものを郡々に123カ所作りましたが、みな衰えました。その手習所を一つぐらいは残せというので残したのが閑谷学校です。閑谷学校も岡山から7里、つまり28キロもあって、あの山の谷間でしょう。当時は歩いて行ったわけです。よくまああんな不便な場所に学校を造ったものだと思いますよね。閑谷学校へ赴任を命じられた藩の役人は、あそこに行けというのなら私は辞めるといって、とうとう藩を辞めているんです。それほど不便な所なんです。なぜあんな不便な所に学校を造ったのでしょうか。これも不思議のひとつです

閑谷学校の南には、井田《せいでん》を作りました。今は地名を「いた」と呼んでいます。井田というは周の時代の中国の土地制度で、井の字型に造った田んぼの真ん中を公の田んぼ、周りを個人の田んぼにします。周りの田んぼは8枚になりますが、これを一人に1枚ずつあたえて、その8軒の農家が共同で真ん中の田んぼ公田を作り、そこで出来た物を納めるのです。これは安い年貢の制度だ、これが儒教のいう「仁政」というものかと光政は感心しまして、その井田の地割を移入したんです。ただし、実物よりも随分小さいミニチュアです。その井田を見て、私は気がついたのです。光政は、周の時代の儒教の精神を輸入するのが目的だったのだなと。墓所にしても、学校にしても、それからこの井田にしても、あれは実物ではなくミニチュア、記念物です。今の時代でいえば、文化庁が記念物を保護・保存するというのと同じです。

津田永忠は文化庁の記念物課長ぐらいです。政治の中枢には全然かかわっていない、といってもいいかと思います。大横目《おおよこめ》という役職に就いてはいますが、そもそも当時の大横目というのは、光政に向かって諫言《かんげん》できる人物がいなかったから作った役職です。光政は貫録はある、学問はある。そういう人に諫言などなかなか言えるものではありません。そこで津田永忠なら、正直者だから、自分の欠点を指摘してくれるだろうと

考え、自分に対する諫言役として大横目にしたのです。光政は津田永忠を非常に重く用いたように見えますが、全部政治の中枢からはずれたところばかりです。いわば、光政の儒教的な趣味といいますか、悪くいうと光政の道楽仕事に付き合わされているのです。ところが津田永忠は光政を心から尊敬しておりました。「光政公の本当の気持ちが分かるのはワシだけだ」という気持ちがありましたから、えらく張り切ってやるんです。張り切ってやるのですが、彼が光政の下でやった仕事はそれだけということです。

光政隠退

寛文12（1672）年、光政は隠退いたします。少々健康も害していたこともあって退職します。それで息子の綱政に世を譲るのですが、そのときに光政は江戸へ津田永忠を呼びまして、「私は藩主の座を退く。ついてはお前の大横目や評定所出座の役目を解く。そうなれば、おまえも岡山にいる必然性はない。今までの仕事を考えてみると、主なものは和意谷や閑谷や井田、手習所、社倉米の五つだけである。これからは閑谷でその五つの仕事に専念せよ」と申し渡します。津田永忠は「それでは閑谷に移りまして、おっしゃった五つの仕事に専念いたします」と言う。これはもう殆ど隠退です。よく窓際族といいますけれども、閑谷に行くのは窓際族というよりは窓外族で、彼の政治生命はここで完全に終わった。34歳といえばまだ働き盛りでしょう。そこで彼は隠退するんです。もしもそれから後何事もなかったらここでおしまい。「何事もなかったら…」といいますのは、綱政との出会いがなかったらということです。ここで一巻の終わりです。

それにしても、光政はこれだけ使ってみて、津田永忠はやり手だということは分かっていたはずです。その人材をどうして閑谷の山の中に埋もれさせてしまおうとしたのでしょうか。光政は津田永忠について、「才は国中に双《なら》びなし」と言っています。備前きっての秀才であると褒めているのです。しかし、続いて「ただし、使いよう悪しくば、国の災いをなすべし」。使いようが悪かったら何をしでかす奴やら分からないというのです。もう少し説明を付けると、「彼は切れ者だ。切れ者だけれども、あれを使いこなせるのはワシのような賢い大名だけ」ということです。「それにつけてもワシの息子の綱政は、親から見ても出来の悪い、愚か者だ」と。あの不肖の子に津田永忠みたいな切れ者を残したら、馬の下手な者をハイセイコーに乗らせるようなものだ、振り落とされる。それで、永忠を人畜無害な閑谷の山奥へ押し込めたということです。その目を持って見てみますと、他にも光政が育てた優秀な官僚、川村平太兵衛、都志源右衛門、西村源五郎、そういう切れ者は全部外へ出しています。つまり毒にも薬にもならない家来だけを残しているんです。これも光政の親心でしょう。

池田綱政と津田永忠―延宝の「冬」の時代―

危機に瀕する岡山藩

このあと天下太平な世の中が続いていたら、永忠の再登板の余地は恐らくなかったと思います。ところが、寛文12（1672）年の明くる年、寛文13年改元して延宝元年、岡山藩は大変な時代に突入します。

綱政が岡山藩主になりました途端に起こったのが延宝の大洪水です。西日本全域で大水害、備前では旭川や吉井川が大氾濫しました。そのためお米の出来も大変悪かった。租税収入が減少する。その上、復旧のための費用が必要です。これだけでも大変な打撃です。ところがその延宝元年には京都で大火事がおきました。天皇様がいらっしゃる御所も上皇様がいらっしゃる仙洞御所も皆焼けてしまったのです。天皇や上皇は、あれは近衛家だったと思うのですが、摂関家へ避難されました。いわば疎開者になられた。でも、いつまでも疎開してもらうわけにはいかない。新しい建物を造らなければというので、禁裡造営です。その仕事の命令が岡山藩に下ったのです。洪水にあって往生している藩へ手伝いを命じなくてもよさそうなものですが、ひとたび命じられますと「ちょっと待ってください」というわけにはいきません。経済具合がいいとか悪いとか言えない。絶対引き受けなければいけないのです。岡山藩にはもう金なんかありはしませんから、京都や大坂の借りられるところから借り集めて、延宝2（1674）年から2年がかりで京都御所などの造営をやったのです。

さらに、延宝3年のころになると飢人の救済が行き届かず大飢饉でした。光政のときにも飢饉はありましたが、そのときには餓死者は一人も出ませんでした。でも、今回は飢え死にする人が続々と出てきたのです。岡山藩も、どこかで金を借りて救おうとしたのだけれども、もう借りるところがありません。当然餓死者が続出しました。

その時に津田永忠は前に申しましたように和気の閑谷にいました。「私は政治の中枢から離れておりまして、政治むきのことについて申し上げる立場ではございません。しかし、閑谷で見ておりますと、餓えた人間がごろごろしております。もうこれ以上放っておけません。教育も大事でございますが、教育と人の命を天秤にかけたら、重いのは人の命でございます。ついては閑谷学校を含めていくつかの手習所がまだあります。手習所で預かっている手習所米をお粥に炊き、それを飢えた領民に朝・昼・晩食わせたならば、何千人の人間を何十日間か養うことができます。その内にはやがて新麦もできますから、その間、手習所を施粥所にしたらどうでしょうか」と申し出ました。それを家老日置猪右衛門に申し出たところ、それは大変結構な意見だというので藩主の綱政に取り次いだ。綱政は、「あれは父上の子分だから学問教育ばかりかと思ったら、ものの軽重の分かる男だ」というので、そこで彼は初めて津田永忠に注目するようになりました。これが綱政と永忠の出会いであります。

藩政改革にのりだす

綱政は永忠を岡山に呼び出しました。そして「岡山藩は財政が破綻して倒産しそうだ。なんとかならないか」と。津田永忠は、どれだけの収入と支出があるのかをまず調べないといけないと考え、財政診断書を作りました。その診断の結果、永忠は「このままではいくら借金が無くても、またいかに豊作続きでありましても、岡山藩財政は慢性的な赤字。何年たっても借金が片付くことはありません」と答えました。綱政は「ではどうしたらいいのだ」と尋ねます。そこで永忠はまた計算をして「今すぐにはどうにもな

津田永忠像（沖田神社）

りません。けれども7カ年計画でやれば、7年済んだ後には何とか赤字の財政も黒字になるでしょう」と答えたのです。綱政は「増税をするのか?」と言います。我々は財政が破綻しそうになるとすぐ増税を考えますよね。それしか知恵が浮かばない。ところが津田永忠が言ったのは「百姓は今飢えているんです。飢え死にしそうなんです。飢えている百姓にどうして増税できるのですか」。彼は増税無き財政再建を考えていたんです。徹底的に支出を削減しました。

岡山県も財政が窮しているでしょう。簡単です。まず県知事だとか県会議員とか市会議員の給料をバッサリと切っていくんです。そうすると県民や市民も感激して、「ああ、トップの皆さんはこんなにまで率先垂範して頑張ってくれているのか」。「そうなったら私たちも、たとえ火の中水の中、がんばるよ」ということになります。近頃の国会議員や、大臣方のお暮らしぶりを見せられましてはねえ。

津田永忠は、とにかく徹底的に支出を削減しろ、そうすれば7カ年でこうなりますというわけです。侍の中にも借金をしている者が多かった。その借金の処理の問題もありました。それも彼のやり方は「借りたものは必ず返せ」ということです。借金の踏み倒しをするな、全部返せと。7年かけても返せないという侍がいたら「それなら知行を藩に差し出せ。そしておまえは知行地で浪人になったつもりで生活をしなさい。おまえの借金は、藩に差し出した知行米をもって毎年藩が銀主に払ってやる。払い終わったとき『もう済んだ。城下へ出ておいで』と言う。そのときにまた岡山城下に住みなさい。もとのように知行米をおまえに渡すから」というわけです。ただ、それまでの岡山藩は、どちらかというと明日は明日の風が吹くというやり方できたものだから、きちっと計画的に借金を返済するという津田永忠のやり方は、侍仲間では非常に評判が悪かった。でも大坂商人の間では信用がありました。

大坂商人から信用を得る

あるときのこと、大坂商人たちが「借金を返してくれ」とやって来ました。永忠は商人たちにこう言いました。「ところでお尋ねします。どの藩も財政不如意で、聞くところによると借金を踏み倒す藩もあるし、年賦で返す藩もあるようです。あなたたちは、そのどちらがいいですか?」。もちろん商人たちは「年賦でも返してもらったほうがよろしい。踏み倒されたのではかないません」と答えますよね。永忠は「それでは岡山藩では年賦で返しましょう」と言います。「ただし今年がしのげないのです。だから今年をしのぐ金を貸してください。そうすると来年からは必ず7カ年の年賦で払います」と。ところが商人というのは頭がいいのですね。永忠の7カ年計画を見て、これは本物だというので「よろしい。それではあなたを信用して、今年をしのぐお金を貸しましょう」と言って貸してくれたのです。実際は7カ年ではできませんでした。というのは、延宝という時期は「冬」の時代。来る年も来る年も米の出来が悪く、今年は良くできたと思ったら大坂の米相場が大幅に下がっている。本当に厳しい時代でした。税収の少ない今のような時代だったのでしょうか。

津田永忠は、これで大坂商人から絶大な信用を得ました。後に、元禄5(1692)年に沖新田を造るとき銀1000貫目が要ったが、津田永忠が用意できたのは半分の500貫目でした。「あとの500貫目を大坂商人に借りてください」と藩に頼んだところ、家老たちから「藩は今もう筒いっぱい借りている。これ以上借りたら、もし万が一大金が要るとなったときに借りられないではないか。とても500貫目を借りることはできない」と断られました。津田永忠は困って、大坂商人に「新田を造ろうと思っているのだが、500貫はあるがあとの500貫が足りない。岡山藩に借りてくれと頼んだら、これ以上借りたら今後無理を聞いてもらえなくなるから借りられないと言うのだ」と言ったのです。すると、大坂商人は「よろしい。津田さん、あんたの印鑑を持っておいで」と、永忠個人のはんこで500貫目貸してくれた。このことは、彼がその『奉公書』の中に書いています。さきの延宝の財政再建で、彼は嘘をつかない男だというので大坂商人たちから大層信用されていたのでした。

さて、この延宝の不況の時代に、池田綱政と津田永忠の信頼関係が出来ました。財政再建をやりました永忠の次の課題は農村復興です。藩政の改革をするには財政改革が必要ですが、財政の建て直しのためには農村復興が大事であります。農村が復興して年貢がきちんと入って来ないことには根本的解決にはならない。農村を復興するためには、郡奉行のきめ細かな郡政が大切だから、津田永忠は相役の服部図書と二人で村々を手分けして回って、郡奉行たちを指導することになりました。この役を「郡肝煎役《ぐんきもいりやく》」といいます。それで二人は国内を手分けして、いろいろなことを見たり聞いたり考えたりしながら郡奉行たちを指導したのです。この経験が実は後の津田永忠の活躍と非常に関係してきます。彼はただ漫然と見て回っているのではありません。問題点を見つけ対策を考えながら見て回っていたのです。

永忠の超人的体力

彼の『奉公書』を見ますと、もうとにかく東奔西走、少しもじっとしていません。彼は子どもが10人いますが、その10人の子どもをいつつくったのかと不思議なぐらい、走り回っているのです。江戸にいたかと思えば岡山にいる。岡山にいるかと思うとまた江戸に向かう。彼はとても体力があるんです。私はその体力づくりのことを今の若い人たちにも聞かせる必要があると思います。

延宝8（1680）年、4代将軍の徳川家綱が死にます。その時、綱政は、すぐお悔やみに江戸へ行くべきか、次の参勤交代の時に行くべきか判断がつきません。大名にとって城は将軍からの預かりもの、勝手に城を離れることは出来ないのです。京都に京都所司代というのがあって西国大名のとりしまりをしています。そこに行って指示をもらってくるという仕事を任されたのが津田永忠です。永忠はその時41歳。今の41歳は若いですけれども、人生50年という時代ですから、かなり年でしょう。綱政の命を受けた永忠は、そこからすぐに出発します。家へ帰ってちょっと装束を替えてなんてものではない。言われたらそこからすぐ京都へ向かって行っている。舟に乗っているふうもありませんし、馬に乗っているふうもありません。岡山からとっと、とっとと山陽道を東に向かって歩いて行ったのではないでしょうか。あるいは途中姫路の辺りから丹波道に入り、嵐山のほうから京都へ入ったのではないかと思います。

彼はその『奉公書』の中で、行きにどのぐらいかかったか、帰りにどれぐらいかかったか書いています。朝の何時に出発して何時に向こうへ着き、そこで衣裳を替えて京都所司代に赴き、こうこうという指示をもらったと。そして向こうを何時に出発して、岡山に何時に到着したと、そこまで詳しく書いているんです。彼はきっとうれしかったんですよ。「我ながら、自分の足はたいしたものだ」と。換算しますと、行きに二日間、帰りに二日間ですね。これはもうノンストップです。弁当なんか歩きながら食べたのではないかと思えるぐらいのスピードなんです。行きが二日間なら分かりますけれども、帰りも同じスピードなんです。普通なら、京都まで歩いて行ったらやれやれで、ちょっと休憩して温泉でも入って。そうしないと体がもちません。しかし彼は、京都所司代に行ったところが「津田永忠という名前は知っている。一目会いたいと思っていた。ところが今日は折悪しく用事が立て混んでいて、残念ながら会うことが出来ない」と言われ、用件だけ承って戻って来ましたと報告しています。行きも帰りも同じスピードなんです。どえらい体力だと思いませんか。

それまでにも、彼は岡山と江戸との間を十何回も往復しています。児小姓の時分から光政に付いて往来していたのですが、行きますと半年か1年後にはまた帰って来るんです。私は「１００万円やるから、ここから東京まで歩いて行ってみろ」と言われても、「こらえてください」と言いますよ。一回行ったらくたびれて寝込みますね。永眠するかもしれません。この津田永忠という人物の謎を解くためには、彼の超人的な体力を理解しておかなければいけないのかなと思っています。

永忠の下屋敷

永忠は、綱政から「おまえは閑谷におる男ではない。やっぱり岡山へ戻って来い」と言われ、再び岡山に屋敷をもらいます。前に閑谷に屋敷をもらったとき、永忠は城下の屋敷を返上しました。けれども岡山に用事があって帰ってきたとき、旅館へ泊まったら高くつきますから簡単な住居も要ります。そこで彼は自分の費用で御野郡の北方村（現在の岡山市北方）の中村という所に菜園場を設けました。つまりまわりに畠のあるささやかな住居を造りました。岡山に出て来たときはそこで寝泊まりをするようにしたのです。

ところが、その後城下に屋敷をやると言われました。

そこで、「実は私は北方村に屋敷を造りました。ところがそれは公用のためのものだからというので年貢を免除してもらっています。しかし、このたび屋敷を頂戴しましたからにはこの菜園場の年貢を納めるようにいたします」と申し出ました。すると綱政は「一般の家臣には下屋敷というものはやらない。しかし、おまえは並みの男ではないから、そこの菜園場は従来通り無年貢とする。北方村中村の屋敷はその方の下屋敷に致せ」ということになった。これも『奉公書』に書いています。

ところで、私が三十何年前に庭瀬から北方に移った時に、その近所の金万《こんま》さんというおじいさんが、一杯酒を飲んでは「先生、おるか」と言ってよく寄っていました。そのおじいさんが「先生の住居のこの土地は、昔はうちの屋敷内だった。ここに津田永忠が住んでいたんだ」と言うのです。「どこへ？」と聞くと「先生が住んでいる、ここのところ」と言うんです。その時は、このおじいさんは酒を飲んで嘘ばっかり言っていると思ったんです。ところが土地の台帳みたいなもののコピーを見ましたら、北方村中村と書いてあります。中村というのは北方村の枝村で狭い範囲です。金万という昔の大地主の広い屋敷の一部だったらしいのです。その土地を津田永忠が買った。それが津田永忠の下屋敷になった。つまり、私はかつて津田永忠が住んでいた下屋敷で、何も知らずに津田永忠の伝記『岡山藩郡代　津田永忠』を書いたわけです。津田永忠が、後ろから「しっかり書け」と言って後押ししてくれたんじゃないかと思います。これは嘘ではない本当の話です。

池田綱政と津田永忠―元禄の「春」の時代―

延宝から元禄へ

津田永忠は、岡山に戻ってきました。やがて延宝が終わり今度は天和元年になります。天和元（1681）年というのは最後の、かなりの大飢饉でありました。ところがその明くる年の天和2年、この時から景気が大層よくなりました。それまでは延宝の大不況の「冬の時代」だった。光政という人は貧乏性な人ですね。彼の生きていた時代は不景気な時期の連続でした。だから「質素倹約」と言う。光政の時代は質素にしないともたなかったのです。質素というのは、神様がくださるものの中で生活するということです。こんなもの生活できるかと言って、サラ金でお金を借りたりするのがぜいたくです。やがて首が回らなくなります。

倹約というのは世間体を飾らないことですね。見栄を張らないということです。素直に、見栄を張らずに謙虚に暮らす、これを倹約といいます。光政の生活の仕方はそうでした。そうしないと生きていけなかった。ところが、これからという天和2年に彼は死にます。1682年、この年からガラッと変わるんです。光政が死んだら景気がよくなった。延宝が寒い「冬」の時代とするならば、「元禄時代」というのは、天和2年から始まるのですが、その元禄が「春」の時代です。

御家断絶の悲劇

春には二通りあって、暖かい春もあれば寒い春もあります。以前、後楽園の桜が何日たっても散らず、今年の桜はよく長持ちするなと思った年がありました。花見に来ている人を見ますと、桜の下に七輪を持ってきて焼き肉をしているのですが、ガタガタ震えながら食べている。寒くて寒くてかなわない。震えながら桜見物をしている。春にはこんなに寒い春もあるんだなということを感じました。

同じことが元禄時代の各藩にもありました。暖かい春もあれば、寒い春もあったのです。寒い春の代表は、松山藩、今の高梁です。あそこは元禄の6年に断絶。津山藩の森さんも元禄10年に断絶しています。それから備後の福山も元禄の12年か13年のころに断絶しています。お隣の赤穂のほうは、「頃は元禄14年」で断絶です。周りを見るとみんな断絶、賢そうな殿様がいるところはみな断絶している。

なぜ断絶したのか、赤穂は殿中での殿様の刃傷沙汰が原因ですが、他の三つは全部後継ぎの子どもがなかったことです。殿様が死んだら、後継ぎを選んで願いを出します。一度ぐらいは許してくれます。ところが運がないときはその若殿様がまた死ぬんです。昔はよく死んでいましたから。そうするとまた、もう一度お願いしますと言って持ってくるのですが、もう駄目ですね。それで御家断絶です。御家断絶というのは悲惨なもので、今まで家老だとか番頭だとかいって威張っていた連中でも、途端に失業者でしょう。浪人して傘を貼るとか何とかしないとやっていけない惨めな生活になる。

綱政公の御子70人

ところがそのころ岡山藩はどうだったか。断絶しないんですね。どうしてかというと「綱政公の御子70人」。実子は50人ほどですが、その上に養子までもらったというのですから。なんのためかは知りません。世間の者は「綱政公はばかだ。女たらしだ」とよく言うのですが、いくらたらしてもよいではないですか。御家が断絶するよりは、はるかにいい。

現に、綱政の後を継いだのは継政で、継政公は実は側室栄光院の子です。京都に水原さんという家があって、そこの娘さんなのです。元禄2（1689）年、その娘さんが19歳のときに、綱政の側室に迎えられます。この二人がまた仲が良かったんです。それで元禄12（1699）年のころに、「あなたのお父さん、お母さんも呼びなさい」と岡山に呼びまして、後楽園の内に住居を与えました。後楽園の中に屋敷があった。それで代々水原家は池田家に仕えるのです。昔の人は、側室を持ったらその側室だけをかわいがっているのではないんですね。両親から兄弟から全部面倒を見ています。これから側室を持ちたい人はこれぐらい面倒を見ないとその資格がありません。全部面倒を見るぐらいの甲斐性と人情味のある者は側室をもってもよろしい。綱政公はなかなかご立派でした。

感心したことがあります。綱政公が死にますのは77歳です。彼は病気になりまして、お医者さんもさじを投げようかという状態なのですが、毎日のようにお城から後楽園にお渡りなんです。私はこれが不思議でならなかった。後楽園に何しに行ったのだろうかと。

就実大学に神原先生という方がおられまして、今は川崎医療福祉大学の先生になっています。その人が書いていたのは、継政さんの生みの母は後に栄光院といって非常に大事にされるのですが、その栄光院のお父さんとお母さんは後楽園へ住んでいたのだというのです。栄光院（幸品《たかしな》）もいつの頃からか後楽園に住んでいたのではないかと思います。綱政が70歳を越えたころには、栄光院もそれなりの年で、もう44歳。だから男女関係を求めに行っているのではないと思います。彼は幸品と会うと心が安らいだのでしょう。いわゆる茶飲み友だちという間柄でしょうか。一緒に話をしておると病気にもそれがよかったのかもしれない。

栄光院は子どもを4人生みました。綱政のほうが先に死ぬのですが、そのときに綱政は「幸品が死んだら私と同じように曹源寺に葬ってくれ」と遺言しています。あの世でも一緒にいたいというので。

あの時代、子どもが生まれてもよく死んでいます。けれども、50人生んで25人が女、残り男25人のうち半分が死んでも12、13人候補がいるわけでから、お家が断絶するようなことはない。綱政の最大の功績は、たくさん子どもを作って家を断絶させずに32万石を保ったことだと私は思うんです。

奉公人のあやかりもの

さて、永忠はその綱政のもとで仕事をするんですけれども、どえらい出世をしています。光政に仕えていた頃、最後は３００石でしたが、天和２（１６８２）年、つまり光政が亡くなった年、その年に郡代になりまして知行５００石。それから元禄４（１６９１）年になりますと10年程の後ですが知行１０００石になります。その後番《ばん》頭《がしら》になりまして、元禄16（１７０３）年には１５００石。どんどん彼は出世する。だから当時「奉公人のあやかりもの」、殿様に仕えるならこういうふうに出世したいものだと、うらやましく思われたほどの出世ぶりでした。光政時分とは出世のスピードが全然違うのです。

永忠の文化事業

ではそこで彼はどんな仕事をしたのか。数えるときりがありません。文化事業と開発事業だけに限定してお話ししましょう。

万全を尽くした閑谷学校

文化事業ではまず閑谷学校を造りました。光政の時に造ったものは黒瓦の屋根、粗壁造りで、とても50年ももつようなものではなかったといわれています。貞享元（１６８４）年から元禄15（１７０２）年にかけて閑谷学校の整備を行い、今日の国宝になっております講堂などもこの間にできました。そのほか火除け山や石塀、いろいろな物を造りました。彼はなぜこんなに凝ったものを造ったのか。「津田永忠というのは派手好きな男だから」あの当時の言葉では「でかしだて」といいます。あの男はどえらいことをやったと言われたくて、みんながびっくりするようなことをやったんだという人もいました。後世にも、光政公は、あんな国宝のようなものを造れなどと遺言はしなかっただろうと盛んに悪口を言う人がいます。しかし、実は光政公が亡くなったとき、永忠にはこの閑谷学校の前途が見えたのです。みんなが「あんなものは潰せ」と言っているのです。光政公から絶対潰すなと遺言されていた彼は板挟みになりました。その中で永遠に存続する方法はないかと考えたわけです。そして「潰そうと思うなら潰してみろ。潰せないような仕掛けを作ってやる」というので造ったのが孔子様の御廟と、藩主池田光政公の御魂を祀っている、昔の芳烈祠、今の閑谷神社です。また学校の領地を没収されたら困る、だから領地を学校田に変えて学校を地主にし安定した財源を作りました。講堂も「ワシが目をつぶったらぶっ潰すと言うかもしれないけれども、潰そうにも潰せないようなものを造ってやる」というので、今の講堂を造ったのです。

本瓦葺きの屋根は、昼夜の温度差で水滴が溜まります。それを早く出すためのカラクリが、軒先のところに見える土管です。それから垂木《たるき》というものが軒の先を支えているのですが、その先端は麻布を漆で固めたものであります。軒先を固めておりますと軒先は腐りません。垂木が腐敗しないようにしたのです。そばにティールーム、飲室を作りました。火事で焼けてしまったらおしまいだから「この炉の中で炭火の外焚き火を許さず」と書いています。炭火はいいけれども、焚き火をすると大きく燃え上がって火事になるから、そういう行為を禁止しています。さらにこの西側に学房、学生の宿舎がありますが、これは茅葺です。火事になるかもしれないので、その火の粉が飛んで講堂が類焼するのを防ぐために火除山を作りました。水に備え、火に備え、そ

閑谷学校

して潰そうにも潰せないような信仰のよりどころまで造って万全を図ったのです。よくまあここまで考えたもんだというところが、至るところにあります。万全を尽くして造った、それが閑谷学校です。

後楽園や曹源寺を造る

それから後楽園ですが、これは何度も拡大しております。元禄13（1700）年のころに大体完成するのですが、「後園」―城の後ろの園を造りました。芝生はあの当時から芝生にしていますが、今日見るようなあんな立派なものではありませんでした。お城の中は息が詰まるところです、緊張しますから。その息抜きの場が「後園」であったのです。

旭川の流れを渡りますと、それだけでも心が清まるのです。水というものはそんなものです。池田忠雄も花畑を京橋のすぐ下手のほうの中洲に作っています。光政は金がかかるから庭園は造りませんでしたが、中原という中洲に注目しました。中原橋が旭川に架かっていますがご存じでしょうか。あの中原に夕涼みに出かけるんです。水のそばというのが気晴らしにはいいですね。そういうふうなわけで永忠は旭川の側に後楽園を造ったわけです。あくまでも目的は息抜きで、特別名勝を作ろうとしたわけではありません。

後楽園

それから備前一宮を再建しました。それから曹源寺も造った。これはみんな光政の遺言や、綱政の命令なのです。綱政が曹源寺を造ったのはなぜかといいますと、光政は和意谷の上に墓所を造ったのですが、綱政は「私はあんな寂しいところは嫌だ」と言うのです。この人はこの世も極楽、あの世も極楽が好みです。ですから綱政はこの世でも結構楽しんでいます。絵を描く、書画を書く、和歌、蹴鞠《けまり》、能、女。とにかく人生を楽しむという生き方なんです。あの世でも楽しまないと、というので、まずそのためにはお墓の近所にお坊さんがいなけれ

曹源寺

ば。お坊さんも一人では淋しい。禅宗もいるし、臨済もいるし、曹洞もいる。あらゆる宗旨のお坊さんを集めたのです。今は臨済宗一つしかありませんけれど、昔はずらーっと五つほどお寺があったんです。いろいろな宗旨のお坊さんたちに囲まれて、死んだあの世でも退屈しないようにと造ったのです。

ついでに面白い話がありまして、彼の息子の継政は、お父さんもお墓を造ったから私もというので、仏心寺というお寺を東山峠の上のほうに造りました。その時に、ついでにこの後に自分のお墓を造りたいと言い出したのです。その時、継政の子どもに宗政という人がいました。この人は世間ではあまり知られていませんが、とても頭がいい殿様でした。家老たちは、この若殿様に「お金がかかって困るから、継政公に墓まで造るなと言って下さるように」と頼みました。宗政は「よし分かった。分かったけれども、今はお寺を造っている最中このときに、お墓を造ると金が要ると言うてはいかにもケチケチしているようだから、お寺ができた時期に私が言ってやる」と答えました。仏心寺ができると「お父さん、この間仏心寺にお参りしましたが、立派にできておりましたね」と継政に言いました。「そうなんだ。余も満足に思っている」と継政が言います。そこで宗政公は「ところで私は一つ悩みが出来ました」「何だ？」と。「おじいさんの綱政公は曹源寺をお造りになって、その後の正覚谷のお墓に入っていらっしゃる。お父さんもこれから仏心寺をお造りになって、後へまたお墓を造られて、万年のご長寿の後にはそこにお入りになるでしょう。そうすると私は死んだとき、どちらのお墓に入ったらいいでしょう。おじいさんのところへ行きたくもあるし、お父さんのところにも行きたくもあるし」と言いました。そこまで言うと、継政も宗政が何を言おうとしているか分かります。ついに仏心寺の後ろにお墓を造る話は立ち消えになってしまったというのです。今の息子なら「お父さん、金が要るときにいらんものをつくりなさんな」と言うかもしれないけれども、宗政は頭がいいからそんなことは言わない。「私はどっちへ入ったらいいんでしょうか」と心憎いことを言ってそれとなくやめさせてしまったのです。

永忠の開発事業

今申し上げた文化事業は殿様の命令です。その中には津田永忠が自分からやりましょうと言ったものは一つもありません。彼が造りましょうと言ったのは新田です。つまり開発事業ですね。なぜ彼は「新田、新田」と言ったのか。みんなは、「あいつは、いい格好をしようと思って、後世に名を残そうと思って新田を造りたいと言っている」と言いました。でも、そうではないんですね。彼は、あの延宝の冬の時代にずっと農村を回りました。百姓に「働け。働け」と言うだけで、百姓がどうして働けるのか。働けと言うなら働けるだけの充分な田んぼを与えないといけないではないか。思いやりの政治をすると言っても、先だつ金が無かったら百姓は救えないではないか。財政を豊かにするのにも、百姓にたっぷり田んぼを与えるのにも方法は一つ。新田を造る。これ以外に方法はない。それで彼は「新田を造れ」と言ったのです。

ところが最初の児島湾干拓の構想はとてつもない大構想で、これは猛反対されます。「こんな大きな新田を造ってどこから灌漑用水を引くのか。中川や砂川はすぐ洪水が起きるのに、河口で新田を造ったら、川上のほうは大洪水だ。旭川の荒手を越したところの水は、すぐに上道郡の田んぼを大水にしてしまう。そんなところに新田を造ったら水はけはどうなるのか。灌漑用水も悪水（ご用済みの水）も、その処置どっちもできないではないか。大新田なんて駄目だ」と言われたのです。それも絵図にちゃんと反対理由の張紙がありす。津田永忠は、これはあかんと考えた。彼は理屈の多い男でしたが、それだけに理屈が通ったことを言われると聞くのです。それで、仕方がないから倉田新田300ヘクタールという小さいものを造ります。

大新田開発のからくり

次に、大きな川の河口には新田はできないかと実験をしたのが邑久郡の幸島新田です。千町川の水を神崎へ引き神崎から新田の中央を水門湾に引っ張ってくる。問題はその時の排水のからくりです。普通だったら「駄目です。大きな川の河口に新田を造ってはいかんと蕃山も言っている」でおしまいです。そこで、河口をラッパ状に広くしまして出口のところに樋門を作りました。満潮で潮水が増えてくるときは、海水が入らないように樋門を閉めておきます。川上から流れてきた水は樋門の中の遊水池で遊ばせておく。じっと待っておれというわけです。しばらくして潮水が引きはじめますと、今度は樋門の樋板を上げます。すると樋門の内側は水位が高くて、児島湾の海面のほうは低いわけですから、高い内側から低い海のほうへスーッと抜ける。この自然の法則を使ったのです。樋門と大水尾をドッキングすれば、大きな川の河口にでも大新田の開発ができるということを実験し成功しました。これは、いわば次の大開発のための実験です。

それが、上道郡の1900ヘクタールの大新田、上道郡沖新田の開発であります。あらゆる川をすべて百間川の中に引っ張り込み、大きなラッパ状の遊水池に収容します。樋門一つでは間に合いませんから5膳の樋を造りました。そうして、潮が満ちたときには樋門を閉め、潮が引き始めたら樋門の樋板を上げる。それによって排水ができるようにしました。こういうからくりを使って彼は念願の大新田を造ったのです。

結語―永忠の超能力の秘密―

永忠の「人」「技」「金」

それにしても津田永忠というのは頭がいい。元禄の文化事業、開発事業を一人でやったようにいわれています。あれも津田永忠の作、これも津田永忠の作といっても間違いがないほどあるのです。あの元禄の大事業は画期的です。どえらい秀才がいたものです。しかし、それ以外にもあの大事業が成功する理由があったのです。津田永忠が優秀な人材を持っていた。これが一番目の理由です。普請奉行（設計士）です。樋門を造り遊水池を造り、その組み合わせを考えたのは普請奉行です。そういう優秀な人材を持っていたのです。

それから二番目は技です。世界文化遺産に登録しようという話が持ち上がっていますが、あの石垣や石樋、あれは石工の技です。その技術は岡山にあったのではない。大坂の石工、河内屋治兵衛を永忠が連れて来まして、最初は和意谷のお墓を造らせました。石塔石工だったのです。やがて新田開発の時代になり、彼に石垣を造らせたり樋門を造らせたりしたのです。そこで治兵衛はあの精巧で強靭な土木技術を存分に発揮しました。

三番目はお金です。お金は藩から借りてきたのではなく、永忠が作った社倉米が運転資金になっているのです。

この社倉米の始まりは、永忠が光政に仕えていたころのことです。岡山藩は税が高い、けれども減税するわけにはいかない。そこで永忠が光政の許可を得て作ったのが社倉米です。百姓は皆高い利息で借りているから、借りる金の利息を安くしてやれば、百姓にとっては減税の代わりになる。これをやりましょうと言ったのです。当時お金を借りるときの利息は2割から3割ぐらい。ところが返してくれるあてが少なければ少ないほど利息は高くなりますね。それじゃあかんと。それをもし3％ぐらいの利息で借りることができたら百姓は助かるだろうというので始めたのが社倉米です。

どうやって始めたか。光政の長女の奈阿子《なあこ》さんが、本多家に嫁に行きました。そのときの持参金が銀1000貫、お米に直すと2万石にあたります。それを借りて、まず2割ぐらいの高い利息で貸して元金を回収します。その貯めた資金をもって年3％の社倉米の運用をやろうとしたわけです。

ところがそのころは延宝の冬の時代です。綱政が「その金を貸せ。金を貸してくれ」と言って、社倉米を流用しようとします。永忠は「これは殿様に貸す金ではない。貧しい百姓に貸す金だ」と言っても言うことを聞かない。それで天和2年、彼が郡代になった年に、それは光政が亡くなった年ですが、「去年の延宝元年の大洪水の時には15000石のお救い米を出しました。ところが15000石をやってしまっても有難いとも思わない。もらわないと損という気持ちになっているから、あれは全部打ち切りましょう。その15000石のうち半分を殿様に返しますから、後の半分7500石を私にください」と。それを毎年社倉米のほうに組み込むのです。今でいいますと財形貯蓄と思ってもらえばいいです。あれと同じ理屈なんです。藩から毎年7500石ずつ入れて増やしていったものだから、財源は年々増えるのです。殿様にも貸しますよ。侍にも貸しますよ。お百姓さんにも貸しますよというので、殿様にも貸したという、その金で藩営事業をやったのです。閑谷学校も後楽園も沖新田も、それから円山の曹源寺も一宮も、あの事業は全部社倉米が運転資金になっているのです。そういう財源つまり、藩の特別会計です。つまり優秀なる普請奉行と、それから優秀な石工と、もう一つは社倉米という資金の三つを握っていたのが津田永忠です。

永忠を使った綱政の人柄

この津田永忠を存分に使ったのは誰か。上には上があるもので、これが綱政なんです。光政のようなお殿様だったら、家来はその指図を待っておればいい。しかし、今の綱政だから「待っていたら、いつまでたってもご指示は出ない。みんなで変えましょう」と頑張った。綱政をみんなが支えたのですが、綱政がただのお人よしだったら、ああいう仕事は出来ないんですね。彼の時代にそれだけできたというのは、やはり一つは綱政の人柄です。この殿様のためならばたとえ火の中水の中と思わせるような人柄人徳を綱政が備えていました。

『池田家履歴略記』という本があります。その中で編者の斎藤一興が自分のおじいさんの逸話を書いています。おじいさんの三郎助は、毎年お盆の15日になりますと、縁側に出て西の方に向かって平伏し、やがて涙を流すのです。「おじいさん、毎年8月の15日になるとどうして縁側に行って泣くの？」と孫が聞いたのです。すると、三郎助は「実は綱政公がまだこの世におわしたころのことだ。私を後園の延養亭にお呼びになって、かようしかじかのことをおっしゃった。それが忘れもしない8月15日のことだった」と言うのです。「その日になるとお殿様のあのお言葉が思い出されて涙が出る」と。綱政はこのように、人の心を一発で掌握するような言葉を知っていた。それは人柄がいいから出るんですね。また頭がいい証拠です。我々は「あの時にああ言えばよかった」と後になって知恵が出るもんですが、綱政は、その瞬間にその人を一発でダウンさせるような言葉が出て来るのです。頭がいいんですね。だから人使いもうまい。自分は阿呆みたいな顔をして、みんな家来たちの手柄にしながら、気がついてみたら全部この綱政の時代にできているのです。光政とはまた違ったタイプのすばらしい殿様と、優秀な官僚の津田永忠との出会い、これが元禄時代をつくったのではないだろうかと思います。

山田方谷の藩政改革とその現代的意義

山陽学園大学非常勤講師
三宅康久

山田方谷の業績

山田方谷はどのような藩政改革をしたのか、専門家の方もいらっしゃいますが全く山田方谷について知らない方もおられると思いますので、一人でも多くの方に興味を持っていただくために、簡単に業績をお話しさせていただきます。

山田方谷は、文化2（1805）年に備中松山藩に生まれました。小さいころから神童といわれ、新見藩で藩校の教授をしていた丸川松隠先生の下で学んで、そのあと京都や江戸に出て学問を続けました。江戸では、佐藤一斎先生の下で陽明学を学んでいます。その後、備中松山藩に帰って藩校有終館で漢文を教えました。今でいえば、日本の大学で勉強して、ニューヨークかロンドンで勉強してきて、それで岡山大学で漢文を教えている、そういう感じだと思います。ところが、板倉勝静《かつきよ》という人が藩主になったときに、方谷は頼まれて、今でいう藩の財務大臣になります。そこから方谷は、備中松山藩の大変苦しい財政状況を立て直します。いろいろな政策を採ります。上下節約、負債整理、藩札整理、産業振興、民政刷新、文武奨励、軍制改革。そしてわずか8年ほどで10万両の負債を返し、10万両の蓄えを残したというのです。

この10万両は、現代に換算するとどれくらいになるのでしょうか。これは、江戸時代のどの商品を基準にするかによって変わるのですが、私は山田方谷が大好きなので、いいように言いたい。ある研究者によると、10万両を今に換算したら600億円になるそうです。となると、10万両の借金を全部返してプラス10万両のお金を残したということは、わずか8年間で1200億円のお金を生み出したということです。これは驚異的です。物価の尺度を変えるともっと少ないのではないかという説もあるのですが、それにしてもわずか8年で1000億円超というのは驚異的なことです。

そうなると、普通のことをやって返せるわけがありません。他の藩では、真面目に節約して、浮いた金で殖産興業、例えば今の岡山でいうとマスカットやいろいろな岡山の農産物を作って、ピオーネを300円で岡山県人に売ったって、これだけの借金は返せません。山田方谷は、一般的には産業を興してもうけたといわれていますが、常識で考えて、それだけでこんなに返せるわけがないと思います。

両親の教育

山田方谷という素晴らしい人物は、どのようにして生まれてきたのでしょうか。私は方谷の両親の教育に光を当ててみたいと思います。

山田方谷の先祖は清和源氏の血を引いており、大変家柄が良かったそうです。ところが、方谷の先祖が誤って人を切り殺しました。その結果、財産が没収されて先祖は大変苦労しています。当然、武士という身分から百姓という徳川時代で一番低い身分にまで身を落としたわけですが、なんとか山田家を再興してほしいということで、両親は、貧乏ながら僅かな金もすべて方谷の教育費に充てます。今は百姓という身分だけれども、学問で身を立ててほしいと方谷の両親は願いました。学問によって武士になり、清和源氏であった家門、家の名誉をもう一度取り戻してほしかったのです。近所の人たちから「殺人者の子孫だ」と言われているわけです。親はそれを何とかしたいという気持ちで、なけなしの金をはたいて方谷に学問をさせます。だから、丸川松隠とか佐藤一斎とかの偉い先生のところで勉強させているのです。

方谷が書いている文章があります。内容を簡単に言います。父・五朗吉は、山田家がもともと武士の家柄であったのに、没落し農民になったことを、いつも嘆いていました。そこで、幼い私を丸川松隠先生の下で学ばせ、山田家を再興しなければならないといつも言っていました。そういうとき、母はいつもそばで、父の言葉に相づちを打っていましたが、ある日のこと母は若い頭をかきなでながら言いました。「良い子だから必ず立派にお父さんの志を達成してくれと。しかし、勢いに乗って走りすぎるとつまずくものだ」というふうな詩を、方谷は残しています。

現代の学校や社会では、非行、暴力、子どもが親を殺すとか、考えられない事件がたくさん起きています。子どもに対する親の教育が、子どもの精神に与える影響は大きいと感じます。山田方谷の家は非常に貧乏でした。方谷はいろいろなコンプレックスを持っていたかもしれません。しかし、彼は立派に成長します。なぜかということを考えると、やはり方谷という人物にかけられた「愛情」の大きさだと思います。方谷の親は、両方とも40代で亡くなります。朝7時か8時くらいから夜12時か1時まで、楽しみもなく一生懸命働きます。例えば給料を10万円もらったとしたら、方谷に教育費を9万円渡すのです。満足に食べられなかったかもしれません。早死にするのは当たり前です。方谷はその親の苦労を知っています。それで一生懸命勉強するわけです。親からたっぷりと愛情をもらっているのです。

板倉勝静と方谷

もう一つ、今度は板倉勝静という人物と方谷との関係についてお話ししたいと思います。山田方谷の藩政改革で一番得をしたのは誰でしょうか。一番楽をして一番得をしたのは、板倉勝静です。この人は非常に頭がいいと思います。戦略家です。家柄の高い武士を家老にせずに、百姓という身分にもかかわらず山田方谷をいきなり家老にするわけです。方谷は、家老になったら、備中松山藩の財政を立て直します。そうすると、藩が豊かになります。それは誰の功績かといったら、上司である板倉勝静です。江戸幕府では「板倉勝静はすごい」という評判になります。徳川幕府は今財政赤字だし、このままでは長州にやられる、今でいったら自民党の安倍政権がこのままでは民主党に政権を取られる、なんとかしないといけない、という感じだと思うのですが、板倉勝静は老中、今でいう総理大臣になります。板倉勝静はその老中として手腕を振るうわけですから、板倉勝静は方谷をうまいこと使って自分は名声を得ているわけです。

これを私は、戦略論で「間接的アプローチ」と呼びたいと思います。英語では「Indirect approach」です。イギリスの軍事戦略家リデル・ハートという人が唱えた説と一致しています。方谷も、この間接的アプローチ、最小の費用・努力で最大の効果を得るという藩政改革をしたから、成功したのです。

間接的アプローチとはどういうことかについて説明します。例えば、これは私が書いた本ですが、「これはいい、この本を読めば皆が金持ちになれる」と私が千回言っても、皆さんは買わないと思います。これを

「直接アプローチ」といいます。間接アプローチは、例えば私が太田健一先生に頭を下げて、「私はこの本を売って儲けたいので、新聞に書評を書いてください」とお願いし、太田先生が「わかった」と、「三宅先生が書いたこの本は非常にいい」と書いてくださると、一般の人は「あんなに有名な先生がいいと言う本だからいいに違いない」と、買ってくれます。これが「間接アプローチ」です。

では山田方谷は、藩政改革でどういう間接アプローチを使って成功したか。多くの藩では、財政赤字を立て直すために、大坂へ物を持って行き、それを売ったお金で利益を得ていました。ところが、方谷は大坂へは一切持って行かずに、江戸へ持って行ったのです。単純に考えたら、江戸のほうが運送費がかなり掛かります。運賃の掛からない大坂へ運ぶ方が合理的なのです。方谷が天才というのか、世間の人から「あれは何を考えているか分からない」と変人扱いされたのは、そこです。わざわざ遠い江戸に持って行き、大儲けしているのです。大坂に行かずに江戸に行く。運賃は掛かるけど、江戸のほうが物価が高く人口も多い。江戸に持って行って成功しました。他の藩は、単純に大坂へ持って行って、儲からないのです。こういうことが、一つの例として挙げられます。

備中松山藩の財政状況

山田方谷の藩政改革ですが、具体的に方谷はどういう藩政改革をして成功していったのかということを、これから述べていきたいと思います。

山田方谷が初めて藩の家老になったときに、その財政を見て、あまりにも赤字が多いのでびっくりしました。それだけならいいのですが、なんと粉飾決算をしているのです。備中松山藩は大赤字だから、大坂商人から莫大な金を借りています。通常皆さんが銀行から金を借りるとき、財務諸表、会社の決算内容について出します。銀行から金を借りようと思えば当然、うちの企業は大黒字だと言い、大赤字だと言う人はいないです。ちゃんと収益が上がっていると言います。それで金を借りています。備中松山藩も、本当は大赤字なのに大黒字だと言って、大坂商人から金を借りていました。つまり、方谷の前任者は大坂商人をだましていたのです。

そのときどう対応するかということですが、今の政治家とか官僚の中には、当然また粉飾決算をする人もいるかもしれません。だから、財務諸表が赤字であるということは隠すと思うのですが、方谷は大坂商人のところへ行って「すみません、うちは粉飾決算しました」と正直に述べています。それでも、大坂商人は怒らずに方谷を信頼して、また金を貸してくれました。あるいは、借金を待ってもらいました。

方谷は、財政再建についてのきちんとした提案書を出しました。将来の藩政改革へのビジョンというものを出したわけです。それで、大坂商人は納得しました。ここで山田方谷がくせ者な点は、財政再建の提案書の中で、その返済期間を1年や2年以内とせずに、50年で返すというふうに、わざと長くしているのです。となると逆に言ったら、70歳の大坂商人があと50年以上生きるわけがないから、50年以内に返すと言ったら、もう死んでしまうのだから、成功しなくても借金はチャラにできます。そういったところを見ていたら、ちょっと聖人君子かなというところも、抜け目がないなというところを感じます。リスク管理ということが、ちゃんとできています。

藩札を流通させる

次に、藩政改革の内容です。上下節約、負債整理、藩札刷新、産業振興、民政刷新、文武奨励、軍制改革とあるのですが、この中で特に私が興味を持っている藩札の整理ということについて、話をしたいと思います。

財政が赤字の場合、昔江戸ではどうしていたかというと、幕府から藩札というものが発行を認められていたのです。つまり単純にいったら、これが現代でいえば紙幣です。1万円札です。藩にお金がないから借金が返せないし、従業員の給料が払えないのです。そうした場合どうするか。例えば、藩札、こんな紙切れでいいのです。１００万円と書いて、山田方谷の印鑑を押します。金がないのだから、これをあげます。これが流通すれば、問題が解決されるわけです。財政が赤字だから、金がないわけです。私は今1万円しかありません。１００万円の商品を岡山で買いたいときに、

「はい、この紙が100万円」「三宅康久サイン」と書いて、その店が受け取ったら、それで財政問題は解決します。多くの藩はそうやって、地域だけで通用する藩札を発行していったのです。

問題なのは、これが流通するかどうかです。私が紙に「100万円・三宅康久」と書いたら、物を売ってくれますか。くれないですよね。「山田方谷」と書いたら、くれますか。くれないですね。備中松山では金がないから、従業員は飯が食えないから、方谷は紙に「100万円・山田方谷」と書きました。そして、みんな信用してそれを使ったのです。従業員は、山田方谷が書いた「100万円」を店に持って行きました。店が信用してくれたので使いました。方谷の「100万円」は流通したのです。

藩札を発行するとどういうことが起こるかというと、条件として藩札が流通するためには、この紙切れは「100万円」だけれど、心配になったらこの現金100万円と両替してあげますという保証があれば、皆さん信用します。備中松山藩で正貨（金貨・銀貨・銭貨）が100万円あって、正貨と同じ額の藩札を発行するなら問題ないわけです。ところが、財政が赤字なので、より多くの藩札を発行して、100の準備金に対して100、1千、2千、1万とどんどん大きくなったら、藩札の価値がどんどん下がって、値段が下がってきます。これを100万円で手にしたのに、次の日には、第三者が90万円でしか受け取らない。90万円で受け取った人は、次の第三者に持っていくと、この藩札は信用できないから50万円でしか受け取らない、ということで、藩札の価値がどんどん下がってきます。藩札が流通しないと経済がうまくいきません。

この1万円を皆さんはなぜ信用していますか。これを発行するのにかかる費用は20円ぐらいです。これは20円なのに、1万円の価値があるのです。1万円で通用しているのです。つまりこの1万円をもらったら、第三者に渡しても1万円だとみんなが信じているから、1万円として流通しているわけです。通貨も信用を得ることができれば流通するのです。財政赤字になっても通貨を発行し、それが流通したら財政赤字の問題は解消します。ところが、成功したのは方谷だけです。福井藩とか他にも二、三あるのですが、ほんの少しの藩しか成功していません。岡山藩は「札崩れ」といって、藩札を発行すればするほど価値が下がり、財政赤字は解決せず、結局貧しい領民が損をすることになりました。

信用回復の手法

では、どのようにして方谷は藩札の信用を回復したのか、そこが分かれば、今の岡山県だけではなく、国の財政問題も解決できるのではないかと思って、私はずっと研究してきました。この資料は方谷の遺言です。現代語訳のところで結構ですので、見ていってください。左のほうに「紙幣というものは翼がないのに鳥のようによく飛ぶものである。手軽で流通しやすいという点が、このようになる所以である。混乱のきざしをきた時代を救済するものが最も効果がある。中国唐代の財政政策はかならずしも非であったとは言えない」とあります。つまり今の財政赤字とかもそうですけれども、財政を立て直すには、増税とか減税では財政を立て直すのは無理です。私の研究でも、もしも成功するとしたら、方谷の理論でしかないと私は思っています。そのカギを握っているのは「通貨」です。「通貨にはものすごい威力がある」と方谷は書いています。

次のページに、方谷は元の貨幣制度を勉強して「元は銅銭を鋳造せずまた金を貴ばなかった。すなわち紙幣のほうが銅銭や金貨よりも民心に喜ばれると考えたのである。文化の高い漢民族にかわって蒙古人が天下を支配し、世の中が一変した」とあります。重要なのはここです。「世人はこれまで猛毒のように考えていた紙幣が逆に霊薬の役割を果たした」つまり、岡山藩では、藩札を発行すればするほどマイナスで、紙幣が下がるのに、方谷はそのパワーをプラスに変えたのです。

紙幣というのは、一種の核兵器なのです。日本がなぜ戦争に負けたかといえば、広島、長崎に原爆を落とされたからです。こんな小さな玉がものすごい威力です。この威力をいいように利用したら、ものすごいエネルギーになるではないですか。つまり「この紙幣にはものすごいパワーがある」ということを歴史に述べているのです。方谷はそこに目をつけて、藩政改革に成功しました。

では、どういうふうにして藩札の信用を得て流通させたのでしょうか。備中松山藩の藩札は、方谷が藩財政を担当する前からどんどん値段が下がっていました。つまり、領民が藩札で1００万円の給料をもらっても、1００万円が50万円、10万円です。領民はそれで損をしているわけです。給料を1００万円もらっても、店屋で50万円しか受け取ってくれなかったら、その人の給料は50万円ということで、賃金は下がったことになります。賃金が下がると物を買いたくなくなります。物を買わないから、経済は悪くなる。経済が悪くなると、税収が増えないということです。

方谷はどうしたかというと、50万円に下がったら「申し訳なかった。私が藩の家老として皆さんを裏切ったことになる。そんなことはできない」と言って、藩が残りの50万円を正貨であげたのです。方谷は、誠実さをモットーにしている陽明学を学び、「誠」というのを重視していました。「誠」というのは、言うこととやることは一致していないといけないということです。現代でも、言うこととやることが一致していないと、人から信用されません。同じです。10万円になったら、「悪かった、90万円をあげよう」とあげたのです。そうするとここで問題なのは、そうでなくても藩の財政は赤字です。藩が1０００万円ぐらいの資金しかなく、藩札の値段が下がっているのに、民衆に下がった分の余分なお金を与えたら、藩の財政はもっと悪くなるはずです。財政を立て直さなければならないのに、支出を減らさないといけないのに、あえてもっと支出が増えるようにしているのです。方谷は民衆を裏切らなかった。信用の下がった藩札を、川でみんなの前で焼きました。今度は、永銭という新しい藩札を発行しました。それが飛ぶような勢いで流通しました。それで、経済が活性化し、藩は奇跡的な成功をしたのです。

利益と損失の非対称性

ここで疑問なのは、「方谷はなぜ損をしてまで藩札を発行したか？」ということです。損をしたことが、結果、得をしています。これは、中国の思想と関係があると思います。これを心理学的に見ると、こういうことなのです。「行動心理学」という学問があります。心理学を経済学に応用し、プリンストン大学のダニエル・カーネマン教授が、経済学でノーベル賞を取りました。「利益と損失の非対称性」。これを聞いても、難しくて分からないですね。対称性というのは、利益と損失は同じというのが「対称」。「非」だから、そうではないということです。

具体例を挙げます。例えば、給料を100万円もらっている人が200万円もらった喜びと、給料100万円もらっている人の給料が99万9999円になったときの気分の悪さと、どちらが大きいかということです。どちらが印象が大きいか、心理学で検証したら、後者のほうが大きいのです。人間は、得よりも損するのを嫌います。給料100万円の人間は、給料が1円下がっただけで、今まで給料の50%を使っていた人が1%しか多く物を買わなくなる、という現象が起きます。1円下げただけで、給料100万円の人が50万円しか使わなくなったら、経済全体で見たら、消費額がものすごく下がります。下がると経済は悪化します。給料100万円の人は、給料が200万円になっても、50%使っていたのに51%ぐらいしか使いません。経済をよくしようとしたら、1円下がった分を、財政を赤字にしてもお金をもとに戻せば、経済は落ち込まないのです。方谷は、この行動心理学の「利益と損失の非対称性」というものを認識していたのだと私は思います。

実務経験が改革に生きる

では、こういったことを方谷は、江戸時代にどこで学んだか。あの時代は、寺子屋、陽明学、儒学、漢文とか、そんなところしかないのに、現代心理学など方谷は知るわけがありません。私の確信的な答えとして、山田方谷は、頭の中にある難しい学問書だけではなく、商売(実務経験)の中からこの理論を得たと確信しております。どういうことかというと、方谷は15歳で両親が亡くなったので、仕方なく家の商売を継ぎました。どんな商売をしていたかというと、菜種油の値段の差を見た投機、米相場の変動を利用した投機です。つまり、米が安いときに買って高くなったら売るという「投機」です。物価の変動パターンは、上がるときはゆっくり上がり、値段が下がるときには急に下がるのです。損失をしたくないから、早く売ってしまうのです。これは、為替レートでも株でも米相場でも同じパターンです。

つまり、方谷は「投機」をすること、物価の変動の中でお金をもうける訓練をしていたので、おそらく人間の心理というものを熟知していたのだと思います。これは学問をやっていただけでは出てこなかった、と私は考えます。方谷にはこの経験があったから、藩札を刷新することに成功したのでしょう。普通は、武士が藩の役人になっています。実務経験はないです。方谷は、百姓で実務経験がありました。例外中の例外なのです。大きな世の中とか、人間の心理とかを知っていたのだと思います。

方谷は「損をしたら百姓が困る」と考えました。方谷も確かに節約とか増税はやっています。しかし、やり方が違います。今の会社では、赤字になったら正社員ではなくてパートタイマーがクビになります。ところが、方谷は、武士が100万円もらっているとしたら10万円の税金をかけました。百姓は2万円しかもらっていないのに、10万円の増税をしたら、生活できません。方谷は自分が百姓出身だから、その痛みが分かっているわけです。2万円しかない人間に10万円の税金を出しなさいと言ったら、娘を女郎屋に売るしかないではないですか。そういうことなのです。現実に他の藩ではそういうことが起きていました。今も一番弱い立場の人が、一番にカットされます。企業であろうが、大学、高校であろうが、それで財源を確保します。

方谷は、百姓の痛みを知っているからそれができなかった。その代わり、上級武士は少々カットしても生活は変わらないから、税金を取りました。方谷の、百姓や商売の実務経験が藩政改革に生きているとしたら、現代の経済政策を担当している人の経歴を見ると、その人が適格かどうか、あるいは今後どういう人が経済政策を担当する地位につくべきかということが、おのずから分かってくるのではないかと私は思います。

方谷研究の現代的意義

「方谷が生きていたらどう財政を再建するか？」ということについて、述べたいと思います。

私は山田方谷の研究会の事務局長をしているので、いろいろなクレームが私のところへ電話がかかってきます。真っ先に言われるのが、「三宅さんがつくった研究会に来ても、何も得ることがない」と私はお叱りを受けます。「今どうしたらいいのかを知りたいのです」「方谷が愛人が何人いたとか、方谷が3回離婚したとか、酒で大暴れをしたとか、10万両の借金を返したとか、そんなことは聞きたくない」。今方谷が生きていたら、例えば大学は少子化で生徒が減っている、どうやって大学を建て直したらいいか。高校では生徒が減っている、どうして立て直したらいいのか。岡山県の財政だったら、赤字でつぶれたら、夕張のようになったら、職員は辞めないといけない。先ほどの柴田先生の話ではないですが、失業するということは大変なことです。だから、そういったものを起こらないようにしないといけない。企業であれば、いかにして収益を上げるのか。「その知恵が欲しいのに、あなたの設立した研究会は期待して3回も4回も行くけど、さっぱり何のいいアイデアも出ないではないか」と言うのです。そういう期待があるのでざっくばらんに私の考えを述べてみます。方谷なら、通貨発行することを考えます。

地域通貨とは

「地域通貨」とはどういうものか。簡単に申しますと、シルビア・ゲゼル（Silvio Gesell）という経済学者が唱えた説で、方谷の理論と共通するところもあれば、違うところもあります。銀行から金を借りたら、利子を取られるのが当たり前と思っていませんか。金を貸したら利子をもらえると、あるいは、この1万円が明日も同じ1万円の価値だと思っていませんか。1カ月、1年後も同じ1万円だと思っていませんか。現代の常識ですね。もしも利子がなかったらどうしますか。この1万円が明日９０００円になる、1カ月ごとに10%ずつ下がるとしたらどうしますか。そうです、使いますね。早く使います。それをもらった人も、減価するのですから早く使います。そうすると、通貨の流通が早くなります。歴史上地域通貨を発行して成功した例があります。つまり、利子のない通貨、価値がどんどん下がっていく通貨、そういったものが歴史上存在しました。その基礎をつくったのが、シルビオ・ゲゼルです。ケインズ（John Maynard Keynes）という経済学者は知らない人がいないぐらい有名ですが、そのケインズでさえ、「マルクス（Karl Heinrich Marx）よりもゲゼルから多くのことを学べる」と述べています。つまり通貨の価値が下がることによって、流通速度を高めたのです。

地域通貨を発行してそれを流通させればいいのです。岡山、高梁でしか通用しない通貨を発行して、市長の名前が書かれた地域通貨を発行し、これをみんなが受け取れば、これが流通すれば、物が売れて、財が潤って、地域が活性化するわけです。方谷なら、それを考えると思います。

財政再建に成功した町

では、「地域通貨を発行したらすべてうまくいくのか？」といったら、そんなものではありません。しかし、地域通貨が流通する条件さえ明らかにされれば、多くの期待が持てると思います。今日は20件くらいの例を挙げていたのですが、そのうち3件だけを読ませてもらいます。ゲゼルのスタンプ貨幣、減価する貨幣を利用して経済を活性化し、財政再建に成功した奇跡といわれる町がたくさんあります。その一つが「シュバネルキルヘンの奇跡」というものです。「ドイツの、人口500人のある町は、大恐慌で石炭鉱山が閉ざされることになった。ヘベッカーという人は、ライヒスマルクを借り入れ、これを担保にして『ヴェーラ』という地域通貨を発行した。石炭鉱山の労働者に、お金はないが『ヴェーラ』があると言い、労働者は『ヴェーラ』を信用して受け取ることになりました」。

シュバネルキルヘンの奇跡と同じような例が、1932年にオーストリアのある町においても起こりました。ヴェルグルという小さな町でウンターグッグンバーガーが35％の失業率で苦しんでいるその町を救うために、緊急失業対策事業としてヴェルグル労働証明書を発行し、その結果として、通貨の流通速度が増し、その町の経済は活性化しました。公務員の給料だけでなく、借金の返済がその労働証明書で行われるぐらい、流通していきました。

1945年から1972年において、沖縄が本土復帰前において独自の貨幣経済システムを作り出し、その中でB円という地域通貨を発行している。B円は商品の生産、流通、消費のために触媒となり、地場経済を活性化させたわけです。

地域経済活性化の可能性

朝日新聞の「時時刻刻」（2007年5月22日）によれば、「大手の傘下入りか、自主独立路線か―。地方百貨店の経営が岐路にたっている。百貨店業界は、大丸と松坂屋が経営統合に踏み切るなど、業界地図が大きく変わろうとしている。規模を追う大手が地方百貨店の系列化を進める一方で、大型店の郊外出店を制限する『改正まちづくり3法』が成立して駅前中心の百貨店経営には追い風も吹き、地方連合の構想も浮上しつつある。宮二朗社長は『都心の大手百貨店の系列に入るより、地方百貨店同士が持ち株会社をつくってグループ化した方が、地方にとってはメリットがある』と、将来の『地方連合』実現に意欲を見せている」とありますが、もし「地方連合」という考えを地方の財政再建に応用すれば、地域通貨を流通させるため、地域内での企業間競争でなく、企業間の協調、そしてネットワークということになります。

地域通貨の流通により地域経済が活性化すれば、各企業にメリットがあり、地方財政も再建されることになります。大都市の企業が地方に進出し、独占すれば、その利益は地方に還元されず大都市へ流れることになり、地方経済はますます悪化してしまうことになります。「改正まちづくり法」と同様に、大都市の企業の地方への進出を制限する「地方経済活性化法案」を成立させ、「地方連合」により大手企業に対抗することが大切です。

岡山県では、マスカット球場とチボリ公園が赤字であるのは有名です。一方広島では、市民と企業と広島東洋カープとの連合により広島市民球場はにぎやかであり、お好み焼の各店の連合によりお好み村は全国からのお客でにぎわっています。地方連合により各参加者がメリットを享受しているのです。岡山でも各古本屋が連合した古本市場では通常よりも本が多く売れています。お互いのライバル企業が単独で競争するよりも、ライバル同士が協調したほうがメリットがあり、各企業は儲かるということです。

岡山県に円がなかったら地域通貨を発行すればいいのです。職員は、給料が50万円から40万円に下がるよりも、地域通貨で50万円をもらったほうがいいと思いますね。もらった地域通貨をいろいろな場所で使い、店の人も地域通貨を受け入れる。地域通貨を良くしよう、地域通貨を生かそうと共同してやれば、流通します。そうすれば財源は確保されます。そして、税収もその地域通貨でやればいいわけです。金は金なのです。

「石炭労働者は、お金がないが『ヴェーラ』があると言い、労働者は『ヴェーラ』を受け取り、今度は鉱山は再開し、労働者は喜んで、給料のうち3分の2は『ヴェーラ』で受け取り、3分の1はライヒスマルクで受け入れた。いろいろな店の経営者は最初は『ヴェーラ』を信用しなかったが、ある一定の人数が信用し始め、徐々に『ヴェーラ』は受け入れられてきた。『ヴェーラ』は流通し、そして経済は活性化した」という例がありました。

これは奇跡といわれているのですが、この事例を見ると、藩札を利用した方谷のやり方と非常に似たところがあると思います。このやり方であれば、公務員のリストラとか、賃金をカットしなくても、成功できると思います。現実には複雑なのですが、こういう考え方があるのではないかということだけ申し上げておきたいと思います。

方谷がめざした教育

最後になりますが、方谷の教育改革についてお話ししたいと思います。山田方谷は、藩政改革に成功して、その名声は全国にとどろきました。それで、新政府から、一説には大蔵大臣、あるいは一会計官という説もあるのですが、来てくれないかという要請がありました。しかし全部断りました。断って何をしたかというと、和気閑谷で儒学や漢学を教えたり、高梁や大佐町でいろいろな塾をつくったりして、将来の人材育成にすべてを懸けました。大蔵大臣の座をけって、塾の講師として人材を育成したのです。全国から何千人という人が、方谷のもとに集まったということです。河井継之助、三島中州、そういう偉大な人物も含まれています。

山田方谷は、なぜ大蔵大臣をけってまで教育に力を入れたのでしょうか。方谷の『理財論』の中に「昔中国に2大国に挟まれる小国があった。小国が今にも攻め滅ぼされることは目に見えている。そこで、大臣が孟子のところに相談に行った。救済策を求めた」とあります。孟子は「ひたすら善をなせ」と言っているのです。私は「善」とは、良い行いをするのかと思っていたら、その解釈は間違っていました。孟子は何を言いたかったのか。「この国がいかに巨大な軍備をしても、滅亡を防ぐほどの軍備はできない。だから滅亡は避けられない。しかし、いったん滅亡するかに見えた国民の一人一人が十分教育を受けていれば、必ず国家は再興する。反対に教育が行き届いていなかったら、最強の国にはならない。教育こそ軍備だ」と言いたかったのだと解説している書物もあります。

方谷は、100年、あるいは200年後の日本の将来を考えて、日本がいかに危機的状況になっても、それに耐えられる教育力をつけたかった。だから教育に人生を捧げたのではないでしょうか。方谷は、私塾を作っています。では、この私塾の意図は何かと考えたのですが、当時の藩校は武士しか教育を受けられませんでした。しかし、私塾では武士の息子も百姓の息子も同じ場で勉強していたのです。お互いに「やあ」「おい」とか、百姓も武士も同じように和気あいあいと勉強していました。お互い差別感のない一体感、そういう中で勉強し、百姓が困っているから武士が助けないといけないというふうな他人を思いやる気持ち、そういうものを植え付けたかったのではないか。地域教育の効果というものがはっきりしているのではないかと思います。

方谷の政策は、数学で書くと「A＋B＋C→D」。Aという商品にBという商品をプラスし、Cという商品をプラスしてDという、例えば備中鍬《ぐわ》を作っています。備中鍬を江戸に持っていって売っています。江戸は農業の生産性を高めたかったので、備中鍬が江戸に来れば、江戸の農業はよくなり、江戸の人は金持ちになります。そこへ方谷は、「ゆべし（柚餅子）」などのお菓子をまた江戸に持っていきます。江戸がよくなることによって、備中松山藩はよくなっていきます。このA＋B＋C→Dの構造であれば、備中鍬が売れることによって、それを作っている鉄とか銅を作っている人ももうかるわけです。備中鍬を作っている人は鉄とかを作っている人も大切だから、やはり困ったら助けないといけない、というふうな相互の依存関係というものを作り出します。そういったところに方谷の偉大さがあったと思います。

そして最後に、これは週刊ポストに「世界を動かしたユダヤ人」という論文があったので、これを紹介して終わりにします。「金もうけの天才ユダヤ人の大献金、なぜ金持ちが多いのか？　なぜ頭がいいのか？」というものです。「ユダヤ人の成功の秘密は、このタルムードに隠されている。ユダヤ人の家庭では、子どもが7歳、8歳になると、母親が必ずこんな質問をする。異教徒に襲撃されて命からがら逃げなくてはならないとき、何を持って逃げるのか？　この質問に、お金や宝石と答えてはならない。お金も宝石も奪われてしまえば、完全に失うものだ。正解は『教育』。物とは違い、教育は、生きている限り奪うことはできない」。これがユダヤ人のメッセージです。ここに、ユダヤ人の成功と山田方谷の藩政改革の成功の共通点があると思います。

岡山のタバコ

岡山近代史研究会会長
森元辰昭

私は清心女子高校の教員をしておりまして、岡山大学の非常勤も兼務しております。「日本経済史」と「史料で見る近代日本と地域」というタイトルで、学生たちに岡山のことを話しています。私はもともと地主制の研究をしており、たばこの栽培と地主制がどうかかわっているかということに興味を持ちました。また、町村史の編さんで川上村、八束村を担当しました。ご承知のとおり、あそこは最もたばこ栽培の盛んな地域でした。そういう地域で栽培をされていた方からいろいろ聴き取り調査をしたり資料を読んだりして山中葉の栽培に関心を持ったことが、ある意味では研究の出発点です。したがって、誠に申し訳ないのですが、山中葉と岡山県を二分する備中葉というのがありますが、こちらの研究はあまり進んでいません。

多様なたばこ史

たばこの歴史を考える場合、まずたばこの耕作があります。「栽培」というよりも「耕作」のほうが望ましい言い方です。これは農家がやるわけです。

また、たばこの販売があります。これには卸問屋があったり、小売店があったり、仲買人がいます。さらに、販売に関しては宣伝があります。宣伝のことだけでも歴史的に研究することができます。それから箱のデザイン。これにも非常におもしろい問題がたくさんあります。ですから、興味の持ちようによっては、宣伝などもその対象になりうるわけです。

たばこの製造に関しても歴史的にいろいろなことがあります。刻みたばこ、これがもともとは主流でした。それがだんだん紙巻きたばこに変わってきました。あとから申しますが、いわゆる両切りたばこ「ゴールデンバット」が販売され、それが大衆受けして、多くの人がたばこを吸うようになってきました。それから、葉巻というのは、私たちが若い頃には大変高級なものでした。ですから、アメリカの大金持ちがくわえて紫煙をくゆらしているようなイメージが強くありました。もちろん世界には、水たばこだとかプロ野球の選手が使っているような噛むたばこがあります。そのような、たばこの製造に関する歴史もあります。もちろん、江戸時代や明治の頃と、現在の全自動になっているものとは全然違います。

たばこの消費に関しても千差万別です。例えばパイプ。世界中から集める人もいますし、日本国内でもいろいろな形や材料があります。それから、いわゆるキセルなどの吸引道具も大変バラエティーに富んでいます。非常に高いものから大衆受けするものも含め、歴史と製品がたくさんあります。

さらに、たばこと文化の問題があります。小説にはたばこを吸う場面が多く登場します。例えば、夏目漱石の『三四郎』には先生が「哲学の煙」を吐くという有名な言葉があります。美術作品の中には、おいらんが非常に長いキセルでたばこを吸っている浮世絵や工芸品があります。道具に関して言えば、日本は彫金の技術が優れていますので、蒔絵で作った工芸品もあります。そういう意味では、喫煙道具も歴史の対象になってきます。私が小さいときには、おじいさんが火打ち石で火をつけてたばこを吸っていました。マッチがあった時代ですけれども、マッチを使わないで鉄で石をすり、それでたばこを吸うのです。

最近では、たばこを吸う人間は管理職になれないという考え方もあります。この考え方は、アメリカから急速に広がってきました。要するに、管理職になる者は自己規制ができなければならない、それができない者は管理職にしないという考え方です。それが10年ぐらい遅れて日本に波及してきました。いまやたばこを吸うというのは大変なことなのです。

一つ、紹介しておきたいものがあります。それは『たばこ史研究』という雑誌です。この中にはいろいろなものがあります。今日はお話ができませんが、岡山にたばこ神社というのがあり、この神社に関しても掲載されています。旧専売公社、岡山たばこ試験場「たばこ神社の撤去について」という記事で、ＪＴ岡山葉たばこ技術センター所長の三輪強さんという人が書かれています。たばこ神社の祠が美星町の宮丸神社と読めばよいのでしょうか、ここにあるそうです。ここの祠が古くなったので、それに使うということでそちらに移っているようです。最盛期には、12月にたばこ神社にお参りし、豊作祈願、あるいは感謝祭が行われていました。日本には神様がたくさんいます。たたらの人は金屋子神を祀るなど、あらゆる分野で神社を作り、お参りしていました。私もこの記事を読んで初めて、たばこ神社の存在を知りました。

さらに、国内だけではなく国外にも当然テーマが広がっていきます。たばこと文化とか海外に行ってたばこの材料を研究するというプロジェクトも行われています。そういう意味で、たばこの歴史というのは非常に多様であると考えていただければよいと思います。

たばこを取り巻く現在の状況

私が一番関心を持っているのは、たばこ耕作です。農家がたばこを作ってどのような生活ができたか、他にも作物があるのに、たばこを作ったというのはどういう意味があるのかを考えていこうということで研究を始めました。

そのためには、まず現代のたばこの状況について見ておきたいと思います（表1）。たばこの耕作はどんどん減ってきています。全国1位は、あの有名な知事のいる宮崎県です。

年度	面積(1000ha)	生産量(1000t)
1990	30	81
1995	26	70
1998	25	64
1999	25	64

『日本の統計』による

表1　葉煙草の生産

それから熊本、鹿児島、岩手、青森という状況です（表2）。岡山の場合、今はこの半分ぐらいの量しかありません。もともと岡山は全国の5位～7位程度でしたが、今は見るべきものがありません。今年度のたばこの栽培者は111人です。そこまで落ちてきました。今やたばこ農家を見つけるのが難しいぐらいになっているのです。

世界はどうかというと、『日本国勢図会』というデータがあります。第一生命を作った矢野恒太という岡山出身の人物がいますが、彼の記念事業として発行されたのが『日本国勢図会』です。これによると、生産量が現在一番多いのは中国で、世界の38.4%を占めています。次いでブラジル、インド、アメリカ。日本は0.9%しか占めていません。ですから、日本はたばこ生産地帯という位置づけはできません。もともとは国内向けのたばこを作っていたのですが、それが大きく変わっ

都道府県	生産量(1000t)	割合
全　国	64,700	100.0
宮　崎	7,110	11.0
熊　本	6,190	9.6
鹿児島	5,770	8.9
岩　手	5,660	8.7
青　森	4,500	7.0

『日本の統計』による

表2　煙草の産地（1999年度）

てきました。

表4は、喫煙率を表したものです。1990年、男は60.5%も吸っていました。女子が14.3%。女子の減りようが少なく、ここが問題と思われるかもしれません。男のほうが、わりと減り方が大きくなっています。それでも4割の人が吸っていますし、私もそのうちの一人です。合計で26.3%。若い人はたばこを吸わない人も多いようなので、これがどんどん減っていくのは間違いないと思います。

（単位：1000t）

国　名	1989−91年	2001年	2002年	割合
日　本	75	61	58	0.9
中　国	2849	2359	2455	38.4
ブラジル	434	565	657	10.3
インド	533	490	575	9.0
アメリカ	704	450	399	6.2
ジンバブエ	146	196	174	2.7
世　界	7255	6187	6394	100.0

『日本国勢図会』2004/06による

表3　世界の煙草生産量

（単位：%）

年度	1990	2000	2003	2005	2006
男	60.5	53.5	48.3	45.8	41.3
女	14.3	13.7	13.6	13.8	12.4
合計	36.7	32.9	30.3	29.2	26.3

『日本国勢図会』2004/06による

表4　喫煙率の推移

表5は、需給率を表したものです。葉たばこのほうで見ますと、2002年は生産量が5万8174トン、輸入量が8万9457トンです。生産量よりも輸入量が多くなっています。1985年には生産量が輸入量の約2倍ありましたが、専売制を廃止して「日本たばこ」になってからは、どんどん輸入が増え、国内生産は制限されるというように変わってきました。

専売公社の時代は、戦前から安定した作物でした。

	年	1985	1995	2000	2002
葉たばこ t	生産量	116,209	70,391	60,803	58,174
	輸入量	60,564	115,071	93,928	89,457
	輸出量	1,395	579	322	707
紙巻たばこ 億本	国内販売	3,108	3,347	3,245	3,126
	国内たばこ	3,032	2,637	2,431	2,290
	外国たばこ	75	710	814	836
	輸出数量	5	175	140	204

『日本国勢図会』2004/06による

表5　わが国のたばこ需給

とりあえず、作っていれば保証され、価格の変動が大きくない安定した作物でした。ところが、「日本たばこ」になるとそうはいかず、値段がどんどん下がってきます。したがって、大型化しないと対応できなくなり、それと同時に機械化が進んできます。手作業の部分が非常に多かったのですが、それも機械に変わってきます。これは、たばこの耕作農家も同じで、種まき自体が機械になりました。刈り取りも、昔は葉を1枚1枚採っていたのですが、それを機械で採るという時代を迎えました。規模の拡大と機械化をしなければ対処できない時代に入ったのです。

そういう理由があって、平成16年から、岡山の栽培農家も一挙に減ってきました。労働力が足りないという事態もありますし、世界のたばこが日本に入ってくるので、価格競争の中で、今までの価格を維持することができないという事態にも遭遇しました。

たばこを扱う場所も変わってきます。今までは産地に取扱所があり、そこに持って行けば国が買ってくれていたのですが、いまやどうしようもない。中津井という備中葉の産地で聞いたことですが、作っているのはわずか2軒。どこに持って行くのかというと、徳島のたばこの工場まで運んで販売しているそうです。そうなると、たばこ栽培が農家にとって本当によい作物なのかどうかを検討せざるを得なくなります。比較的大きい面積を持っている家は何とかやっているわけですが、50アール、30アールといった小さい面積しか持たない人たちは、もうできないという時代になっているわけです。

たばこの輸出もしております。マイルドセブンが一番売れていて、世界一になりました。箱にはこう書いてあります。「本パッケージに記載されている製品名の『mild』の表現は、本製品の健康に及ぼす悪影響が他製品と比べて小さいことを意味するものではありません」。何でこうなったか分かりますか。ヨーロッパで、ニコチンの害とマイルドという言葉のイメージがあまりにも相反するのでやめろという運動が起こったのです。そのため、日本たばこは、このような言葉をパッケージの中に入れざるを得なかったのです。輸出はどんどん拡大していくという状況です。外国たばこは国内ではそう売れていませんが、１９９５年から10倍に増えています。たばこの自動販売機を見ていただければ、外国たばこもけっこう多いということが分かります。

たばこは、専売公社以来、国の収入源だったわけですが、今はどうなっているのでしょうか。表６でみると、２００３年当初予算で直接税が55.4%、間接税が44.6%。これを逆転させようというのが今の動きです。たばこ税というのは間接税に入ります。わずか2.1%になりました。戦前は、塩も含めて10%を超えていました。たばこ税が占める割合は相対的に落ちています。そのことが、専売公社から日本たばこに変わっていく原因の一つです。

表６　国の税に占めるたばこ税

（2003年当初予算）

	金額	割合%
直接税	242760	55.4
間接税	195806	44.6
消費税	94890	21.6
揮発税	21330	4.9
酒税	17330	4.0
たばこ税	9170	2.1
合　計	438566	100.0

『日本国勢図会』2004/06による

表７　たばこ税の配分

	円	割合%
国たばこ税	71.04	23.7
地方たばこ税	87.44	29.1
都道府県	21.48	7.2
市区町村	65.96	22.0
たばこ特別税	16.40	5.5
消費税	14.29	4.8
合　計	189.17	63.1

『日本国勢図会』2004/06による

１箱３００円のたばこはいったい税金がどのくらいかかっているのでしょうか。表７に示してあります。国のたばこ税が23.7%、地方のたばこ税は29.01%ですが、地方のたばこ税は、都道府県と地区町村に分けられます。地区町村が22.0%、都道府県が7.2%。「たばこは町内で買いましょう」というのがありましたが、それは収入になるからなのです。あと、たばこ特別税それに消費税が加わります。合計１８９円17銭ですので、63%は税金です。この残りで日本たばこは運営をしていくということになります。これが今のたばこのしくみです。

現在、岡山の耕作人員はぐっと下がっています（表8）。とりわけ平成16年から17年にかけての落ち込みが非常に激しく、３２０人から１３０人に落ちています。このとき、日本たばこ産業から廃業したほうがよいのではないかというお誘いがあったようです。つまり、先ほど言いましたように、機械化と規模の拡大をしていないと、たばこの栽培はついていけないという指導

年度	耕作人員	作付面積
平成4	1208人	707ha
平成5	1130	654
平成6	1025	581
平成7	958	546
平成8	879	503
平成9	772	433
平成10	688	390
平成11	611	350
平成12	537	314
平成13	474	288
平成14	420	256
平成15	377	231
平成16	320	198
平成17	130	113
平成18	126	109
平成19	111	93

岡山煙草耕作組合資料

表8　岡山煙草耕作人員・作付面積

があったようです。そのために、このように落ち込んだといわれています。岡山のたばこは過去の歴史になったといってもよいと思われます。これから再び盛りかえし、たばこ耕作を行うということはおそらくないでしょう。

当時たばこを作っていた人たちは、当然作物を転換しています。例えば、岡山で一番から三番ぐらいに入るたばこ栽培の大変盛んな豊永地区は、ピオーネの栽培に変わっています。今は真庭市ですが、蒜山の川上村、八束村、中和村は、ピークが昭和40（1965）年で、そこからだんだん落ちていきます。昭和40年ごろというのは、例の「みの早生大根」、俗にいう蒜山大根が導入されて、何とか採算がとれるようになった時期。どんどん変わっていく時期でした。最近では、トマトの促成栽培なども行われています。

この写真はたばこの葉です。あとで回して見ていただければと思いますが、これは蒜山でいただいたものです。大正5（1916）年ごろのたばこだと聞いています。当時、本当はたばこをこういうふうにしてはいけません。専売品ですので、耕作する農民であっても自分のところにたばこを置いて巻いたり刻んだりしてのむということは当然禁止されていることなのですが、たまたま5枚ほど残っていました。そのうちの2枚をいただいて、今皆さんにお見せしています。実物です。蒜山地域で栽培されていた有福という種類です。ちょっと大きい葉と小さい葉があります。

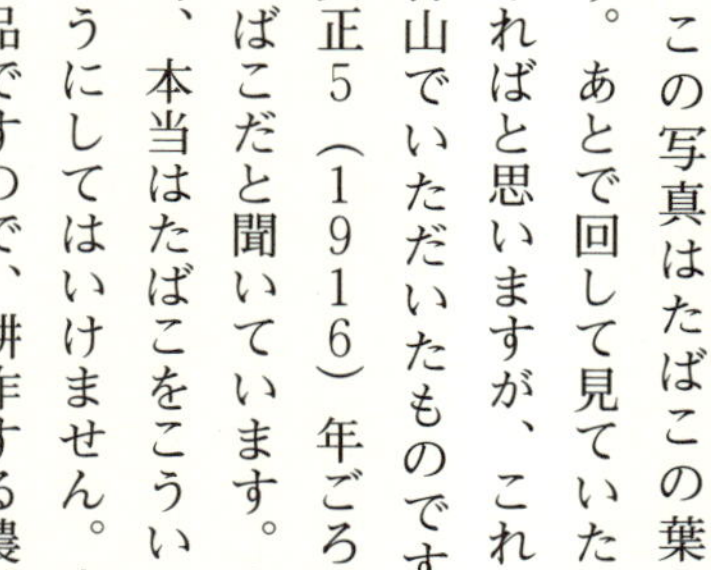

山中葉（大正5年頃）

蒜山の山中たばこ、あるいは作州葉といったりするのですが、葉っぱが小さいのが特徴です。備中葉はちょっと大きい。かつて岡山にはハイライトの工場がありました。今のイトーヨーカドーのところと高梁にあります。高梁のたばこ工場は、私も見学させていただきました。巻いているところまで全部見せていただき、大変よかったです。備中葉は葉が大きい。ハイライトというのはさらに大きいバーレー種が入ってきます。ホワイトバーレーがハイライトの主力の葉のようです。1本の木から大きい葉がとれますので、量が稼げるわけです。これは備中葉もそうです。山中葉に対して備中葉は、量が稼げます。質は山中葉が一番よいといわれます。「量目たばこ」といわれたのです。

これは、現在の葉の様子です。ちょうど6月の初旬です。これは収穫に入るところです。一番低いところは土葉といいます。土葉があって、中葉、本葉があり、一番上が天葉というふうに分けられます。専売公社（戦前は専売局）の時代は、

草間たばこ（現在）

非常に細かい規定がありました。土葉は土にくっつくので黄色に変わったりして質が悪いとされています。だから、全部種類を分けて収納しなければならないという規定があります。農家にとっては、全部仕分けをしなければいけないので大変な作業だったのです。畝を作り、中には藁やビニールシートを敷いて保護しなければなりません。もちろん中耕もしなければなりません。たばこ耕作は実は労働投下量が非常に多く、これが大きな問題です。この写真は、新芽が出るときで新芽が出ると他の葉が育たないのでとらなければならないので、その作業を5、6人でされているときに、たまたま出くわしたものです。

新芽の摘み取り作業

たばこの歴史

いよいよ本題に入ります。たばこの歴史、先ほど言いましたように一般的なこととたばこの耕作のことを

言いたいと思います。

①「たばこ」を表す言葉から見えるもの

もともとたばこが世界に広がったのは、実際にはアメリカではないですけれども、コロンブスがアメリカ大陸を発見して、たばこが世界に広がったといわれています。たばこプラントといったり、リーフたばこ(葉たばこ)といったり、スモーキングたばこ、チューイングたばこ、そういう言葉が使われていきます。日本では、「莨宕」と書いてたばこと読みました。延喜式に「はしりどころ」というものがあって、これがたばこではないかといわれているようです。そのほか、「おきめぐさ」、「多葉枯」、言い得て妙でしょう。葉が多くて枯れると書いてあります。「多葉粉」という字を当てている場合もあります。

また、おもしろい言葉ですが、たばこのことを「貧乏草」といいます。これは意味があるのです。貧乏人が吸うからではありません。近藤康男という東京大学名誉教授が、『煙草専売制度と農民経営』という本を出しました。昭和8年に東大のドクター論文で提出され、昭和12年に刊行されました。栃木県の栽培農家や広島の神石郡の村を実際に調査し、克明に書かれています。近藤先生は、農学のほうでは大変な大家。私も読ませていただいて大変感心しました。私にもそれができないかと思い、蒜山でいろいろな人にお聞きしたのですが、何しろ栽培農家が記録を作るということはほとんどない。ですから、残念ながらできませんでした。近藤先生は現状を調査したからできたのです。

どういうことがいわれているかというと、岡山の成羽・川上地域で考えてください。こういう地域で栽培されているものの一つがたばこ、もう一つ非常に有名なものがありました。日本一の生産量を誇ったもの、蒟蒻なんです。コンニャクは、コンニャク粉を含めまして戦前は岡山が全国一。1930年代はダウンします。近藤先生は、コンニャクを栽培する農家とたばこを栽培する農家を比べています。これは非常に重要なことです。どちらが金持ちだと思いますか。言葉からたばこのほうが貧乏だと分かりますよね。コンニャクというのは、ちゃんと切って粉にするまでには少なくとも通常4~5年かかります。しかも連作を嫌います。

同じところに植えるのを嫌うのです。ですから、面積が大きくないと栽培できません。コンニャク・大豆・たばこなどを組み合わせ、畑を分けてうまく回しながら作っていきます。それに比べて、たばこはきわめて簡便な1年草です。1年で勝負します。ですから、大きな面積もいりません。そういうことから、たばこは貧乏草といういわれ方をするわけです。

南蛮草というのは分かりますね。ポルトガルから日本に入ってきたからです。ほかに煙花、煙火、愛煙たばこだとかいろいろ言葉があります。

② 日本上陸から江戸期

日本に来たのは16世紀半ば。ポルトガル人が喫煙の風習を東アジアおよび日本に伝えました。どこに入ってきたか、これにはいろいろな説がありますが、基本的には鹿児島県指宿と考えたらよいのではないかと思います。17世紀に入ると喫煙の風習が入ってきます。主に大坂、京都、長崎を中心として、喫煙の習慣が広がっていきました。歌舞伎者がたばこを吸うというので、幕府はたびたび禁止令を出します。当時の歌舞伎者というのは、やんちゃで法律を守らず無茶をする者という意味です。

農民に対しては１６４３年に「本田畑にたばこを植えてはいけない。綿と菜種とたばこ、この３つを植えてはいけない」というお触れが出ます。１６４９年には「慶安の御触書」という有名なお触れが出ました。ここにはいいことを書いています。「たばこをのむな。これは食にならない。挙げ句の果ては病気になる。金もいる。だからたばこを吸うな」。お触れは出るけれど、禁止できません。どんどん広がっていき、元禄時代には有名無実化します。藩によっては専売制をひいたところもあります。

③ 明治政府による専売制

明治に入りますと、政府は明治８（１８７５）年に煙草税則を作り、明治9年に施行します。消費税と、たばこを販売する人には印紙を貼らせるという形で税金を徴収するようにしました。それが最初です。これには伏線がありまして、今日いらしている太田健一先生が研究されている地租改正の事業で、地租（国に払う税金）が地価の１００分の3と決まっています。その説明文の中に、将来物品税ができたら、１００分の3という率を１００分の1まで下げますという一文がありました。それで、明治8年にいろいろな税金ができるのです。酒税などもそうですね。政府は、実際に１００分の1にはしないのですけれど、税金の制度がだんだん整ってきて、たばこの税則が固まってくるということなのです。ところが、収入印紙を貼れとか、消費税を取れということは、ほとんど守られていかない。面倒くさいということもあるし、村の中で作ったり売ったりしているわけですので、そのようなことはあまり効果がないのです。

たばこの栽培は全国的に広がっていきます。近藤先生の本からお借りした地図を見ますと、これは明治33（１９００）年のものですが、ほぼ全国に広がっている様子が分かると思います。政府はここに目を付けて、とりあえず専売にしていくということが必要だったのです。

なぜたばこの専売が必要であったかということなのですが、１８９４年から１８９５年（明治27年から28年）、日清戦争が起こります。この日清戦争はなんとか勝ちました。軍艦などは全部購入したもので、日本で作ったものは銃くらいのものです。三八式の歩兵銃などは作りましたが、まだ日本は工業が発達していなかったので、二流品で何とか戦って勝ったわけです。勝ったのはいいのですが、10年後に日露戦争が起こります。日露戦争をにらんで、日清戦争の後の戦後経営を考えなければいけない。中国よりも数段すごいロシアを相手にせざるを得ないということですから、政府はなんとしても財源を確保しなければなりません。そのためには、とにかく地租つまり税金を上げなければならないのです。今まで１００分の2.5になっていたのですが、これを上げなければいけないということで、ぎくしゃくしまして、結果的には１００分の3.3にとりあえず落ち着きます。それだけでは足りません。あらゆるものを税金の対象にしていくとき、全国的に広がってきたのがたばこの栽培なのです。１８９８年、「葉煙草専売法」が施行されました。まず、耕作者に専売を施行するため「専売局」が設置されました。

１９００年には未成年者の喫煙が禁止されておりま

す。20歳未満です。さらに、１９０４年に「煙草専売法」が実施されました。製造も専売になったのがこの時です。完全専売制にするのに６年間かかっているのです。６年間でできたと評価すべきか、６年もかかったと評価すべきかは意見が分かれるところです。当時、全国的にたばこの卸問屋で大きな商売をやっているところがありました。京都の村井商会や、東京の銀座で「天狗煙草」を販売していた岩谷という商店などが、独占的にたばこの製造販売を請け負っていたのです。独占体になっているがゆえに専売制への移行がやりやすかった。これを何とか説得して、その財産を国有化していけば専売化できるということで、長々交渉して専売制に移行したのです。ちょうど、ロシアを相手にした戦争だということが追い風になり、完全専売制になっていきます。この間、たばこの耕作農家にとってみれば、いろいろと大変厳しい規制がかかってくることになります。

１９０６年に両切りたばこの「ゴールデンバット」が発売されております。これは現在もありますので見ることができます。私たちの学生時代には「新生」が40円で、「ゴールデンバット」が一番安くて30円でした。今は高いです。３２０円くらいするのでしょうか。

④　専売公社から日本たばこ産業へ

１９２０年に「ピース」が発売されます。第一次世界大戦終結記念です。これは大変おいしいたばこですから愛好家は非常に多いですね。吸っている人のそばに行くと、これはピースだとすぐに分かるぐらいに、質の良いたばこなのです。質が良いという言葉には語弊があるかもしれませんが。

この後10年ほど経ってから戦争があります。戦争が本格化する時期には配給に変わっていきますので、たばこは手に入らなくなり、代用品が出てきます。各地でいろいろな代用品があり、面白いです。一番多いのはどうやら松葉のようです。松葉を巻いてそれで煙を吸うということですね。よもぎも吸ったようで、これらのもので代用していたようです。

１９４９年に「大蔵省専売局」が廃止になって、「日本専売公社」になりました。１９５７年、最初のフィルター付きの「ホープ」が発売になりました。これはアメリカ人のデザイナーが作ったといわれています。今まで、吸い口のついたたばこはあったのですが、フィルターを付けたということです。

1972年に「吸いすぎ注意」という表示が始まりました。1974年がスモーキング・クリーンキャンペーンです。1973年から1974年は、日本の高度経済成長が終わったときです。安定成長への時期なのですが、このころからもうスモーキング・クリーンというキャンペーンが始まっているということです。

1977年、「マイルドセブン」が発売されました。1981年に販売数量が世界一になったたばこです。日本のたばこ技術は、量的にはアメリカのほうが大きいですけれど、栽培・製造・マーケティングを含めて、世界有数のものだということがいえます。

1978年、「たばこと塩の博物館」が開館しました。博物館を作る、記念史を作るといいましたら、だんだん終わりに近づいていると考えればよいということです。

1985年に「日本たばこ産業株式会社」(以下JT)に変わりました。賞味期限が表示されるようになりました。たばこには、タールが1ミリグラムとかニコチンが0.1ミリグラムなどと書いてありますが、これはたばこの中に含まれている量ではなく、火を付けて煙になったときに、煙の中に入っているニコチン、タールの量です。ここで表示している量が、いわゆる受動喫煙になるわけです。パッケージ自体も今はもちろん完全自動になっており、昔は銀紙を使っているものもありましたが、今はアルミに変えるなど、いろいろなものがあります。

今、JTは世界戦略を展開する大企業です。たばこだけではなく、そのほかの産業分野にも進出しております。例えば飲料水も作っておりますし、弁当も作っているようです。会社としての本来の業務は、たばこを作って売ることもそうですが、おそらく医薬品ではないかと思います。たばこの中に含まれている科学的な成分を応用して、いろいろな医薬品ができます。それらの研究をやっていくことが求められているのではないかと思います。

JTがいろいろな分野に進出しているのは、ある意味で当然の動きです。JTは、たばこを作らなければいけません。できればたばこを吸うことを宣伝したいけれど、宣伝したら世の中から総反発をくらいます。アメリカなどでは、たばこの販売そのものが健康を害しているという訴訟が起こり、訴えたほうが勝って、たばこ産業の会社は賠償金を払わなければいけないという事態になっています。ゆくゆくは日本にも、自分が健康を害したのは、自分のせいではなくてたばこを売るほうが悪いという論理が入ってきます。そうなると、たばこだけではもたないというのが当然ですね。だから、日本国内ではもうあまり売らないで外国で売るという、アメリカと同じようなことを考えていくのではないかと思っています。

もう一つだけ追加させていただきます。先ほども言いましたように、今、日本のたばこは2.1％しか国の税収になっていません。少し細かいですが、これが戦前の国の租税収入に占めるたばこの割合です（図）。明治31（1898）年に、4.9％が6.5％に急に上がっていますね。これは葉たばこの専売によるものです。これで収入がぐっと上がったと思ったのですが、密売などいろいろなことで抜けるものが非常に多いため、少し下がります。それで、「煙草耕作組合」というものを作らせて、耕作農民自身が管理を厳重にやっていくようなシステムを作っていくのです。それで回復基調に乗り、先ほどの「完全専売制」になったときには、一番高

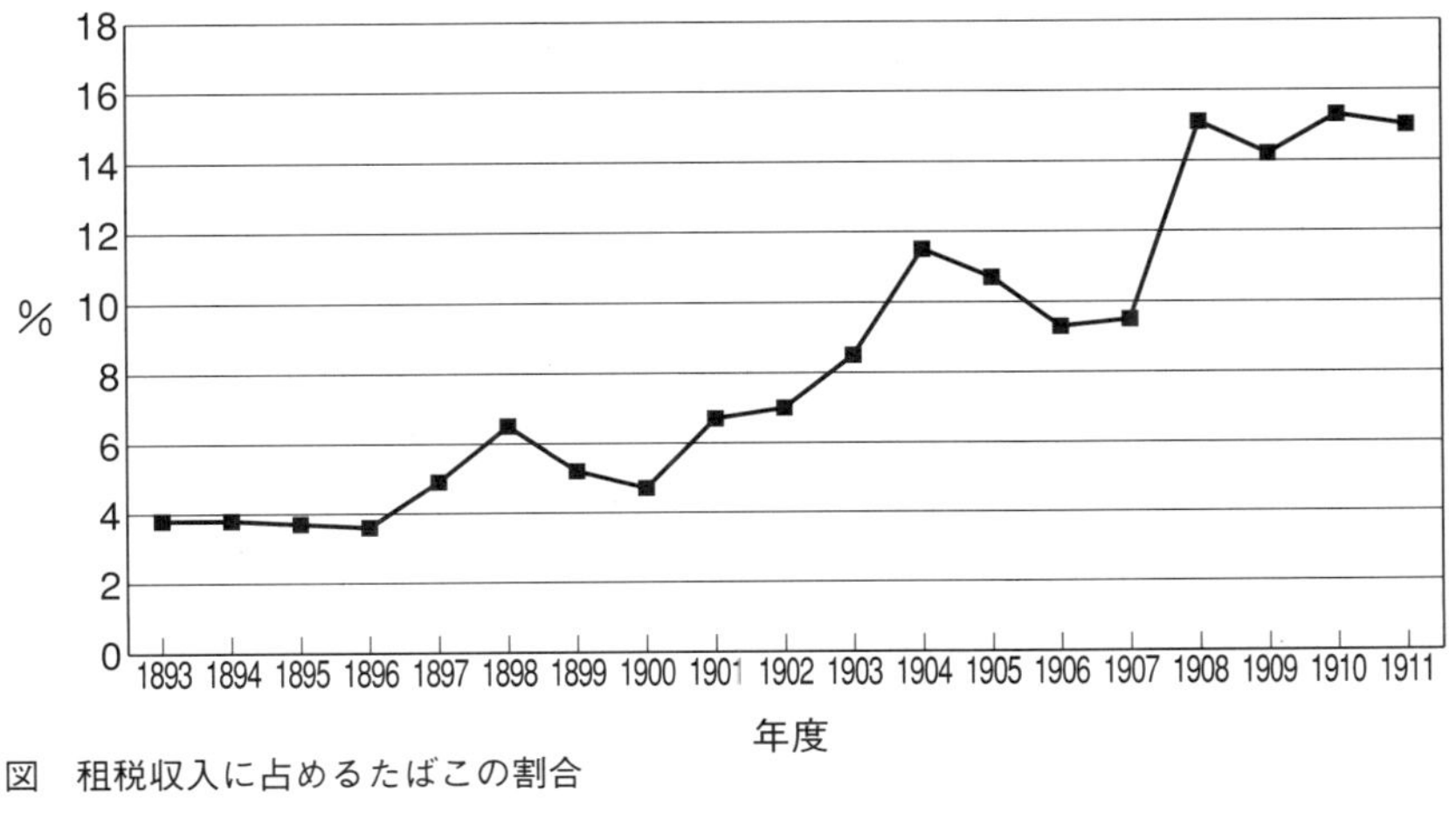

図　租税収入に占めるたばこの割合

い11.5％となります。たばこについては専売局がすべて管理していくということで、パーセンテージが上がったわけです。もちろん最終的には吸う者が増えないともうかりません。特に日露戦争後の時期は非常に不況ですので、このようなデータになっておりますが、また1908年から上がっており、15％くらいを占めています。

この専売は、「財政専売」というものです。要するに、国が財政を補填するために専売制を敷くということです。江戸時代の藩は、そのようなことをして藩のもうけにすることがよくありましたが、それを国家的なプロジェクトでやったのが、たばこと塩になります。もちろん専売はそれだけではありません。皆さんが家にけしの花を植えたら、当然怒られる、逮捕されると思いますが、あの麻薬であるけしだって医薬品としては非常に重要です。ですから、国家が厳重に管理して、医薬品になってから病院に運ぶとか、病院の管理も非常に厳しくするという形での専売制があるわけです。たばこの場合には、単純に国がもうけたいための財政専売ということでやってまいりました。

岡山のたばこ地帯

岡山のたばこは大きく分けて3つの地域からなります。

一つは「備中葉」という地域です。川上郡の成羽、これは江戸時代から「成羽葉」、「成羽たばこ」という言い方でありました。それから川上町、地頭、大賀もそうです。畑作地帯ですので、コンニャクとも重なります。阿哲郡は新見、草間、上房郡の中津井。「草間たばこ」という、非常に有名なものがあります。草間は現在も結構多く栽培している所です。それから先ほども言いましたように、中津井はもう2軒しか栽培していないのですが、ここも大変栽培が盛んな所でした。それから上房郡の高梁。有名な松山藩の山田方谷が高梁の「松山たばこ」を盛んにしたということが、備中の「吉備たばこ」の沿革を書いたものに載っています。後月郡の芳井、ここは川上郡の隣ですのでやはりたばこの産地です。これらの地域が「備中葉」です。今は、新見、特に草間台という言い方もしている草間が中心です。

「作州葉」に入ります。これは別名「山中葉」ともいいます。真庭郡の川上、八束、中和が中心です。とりわけ川上村は、私も大正5年で調べたのですが岡山県トップです。ですから実は、蒜山の農家は米よりもたばこの収入のほうが多かったのです。蒜山には3軒の大地主がいます。お医者さんが2軒（遠藤・谷田）と、もう1軒がもう亡くなられた農協組合長の石賀さんという家で、この3軒が50町歩を超える大地主なのです。あんな所に大地主が3軒もあるというのはちょっと珍しいです。地主制が成り立つためにはそれなりの生産力がないと共倒れになります。それを考えると、蒜山地域にとって、たばこは非常に重要で、地主制を支えた作物だと私は考えています。実際に小作料を葉たばこで納めるということも行われたようです。今はお医者さんの遠藤医院がある遠藤家の資料で散見されます。このように、圧倒的に蒜山地域が中心です。

ここのたばこの作り方ですが、燻蒸の仕方、要するに乾燥の仕方が違います。「備中葉」は「連干」といいまして、太陽で乾かしてもいいのです。火干し乾燥法もあります。火で乾かすのですけれど、煙は中にできるだけ入れないようにします。実際には入りますが。ところが蒜山の燻蒸は、たばこのつり込んでいるところに煙を入れて、香りを出すという方法でやっていきます。この作業は徹夜作業になりますので大変厳しい作業です。このように、蒜山は燻蒸という独特の言い方をする以外はないのですが、煙を入れながら葉っぱが褐色に変わるころまでやっていくところが大きな違いです。香りが当然違ってくるということになります。

大正13（1924）年に、県南を中心にして大旱害がありました。日照りです。これを契機に、1925年に和気郡で初めて「黄色種」が導入されました。これを見た人がいて、和気・邑久・玉島・児島などの県南に「黄色種」が入ってきたのです。「山中葉」は、大正13年に専売局の「煙草耕作指示事項」で作付けが禁止になり、「備中葉」に転換しなくてはならなくなります。いろいろな運動を粘ってするのですが結局ダメになり、昭和の初めには「作州葉」は完全になくなって「備中葉」になります。蒜山がそのように転換しているときに、県南のほうは「黄色種」が始まるということになります。和気・邑久・玉島・児島の畑の地域、丘陵地帯にたばこが広がっていくことになってくるのです。

たばこができるまで

では、たばこはいったいどのように作っていくのかという「たばこ耕作」について、少しお話ししたいと思います。種まきはだいたい1月です。蒜山は3月にずれこみます。現在だと早いと思いますが、今は蒜山にはありません。種まきが1月で、植え替えを2月にします。本圃といいますが、畦作りをして移植をします。田んぼでいう田植えと同じようなことがたばこの場合も必要なのです。葉っぱができるだけ大きくなるように、6月の収穫の前に芯を止めます。土葉から始まって、中葉、本葉、天葉という順で6月から9月まで収穫をしていきます。そこで乾燥が必要になります。先ほど言いましたように、この乾燥の方法に、太陽で干していく連干、あるいは火干しの乾燥方法、あるいは蒜山のような燻蒸法などがあります。9月から10月に出荷があります。戦前の場合は、だいたい12月から1月です。取扱所に持っていくのが12月から1月なので、農家はこのころに入る現金収入を目指して作業します。ただし、これについては大変厳しい規制があります。その後、深耕といいまして、いったんたばこを全部鎌で切って、そこをもう一回深く耕して、来年の準備をしておきます。このようにして1年間が終わっていきます。

次に、乾燥小屋について見ていきます。これは「備中葉」です。成羽の上日名という所で写真撮影をさせていただきました。「備中葉」の場合はこのように煙突があって、煙突で煙を抜きます。でもここからやはり入りますので、一番上には煙と湿気を抜くために、天窓があります。これが昭和9（1934）年ごろの建築ということです。戦後のものはまだ残っているところが結構ありますが、戦前のたばこ乾燥小屋はほとんどなくなっていると思います。岡山県教育委員会発行の『岡山県の近代化遺産』を編集するときに、岡山は日本を代表するたばこ産地であったのに、たばこのことが全く記載されないのはまずいということで、項目にぜひ入れてほしいとお願いして、写真まで入れてもらいました。貧相なものだけれど、貧相だから価値がないわけではありません。立派な建物だけに価値があるのではなく、多くの庶民がこれによって生きてきた、その跡をきちんと残す、あるいは記録するということが非常に大事ですから、そういう意味で見ていただきたいと思います。所有者の平松さんという方はもう亡くなっておりますが、中に足踏回転脱穀機などの農具があったものですから、撮らせていただきました。たばこの葉は縄に差し込んで、ここにつり込んでいきます。

たばこの収納の場所を見ておきたいと思います。農家からたばこを包装して持ってきて、専売局の職員がたばこを査定し、値段を決めてお金を払います。その取扱所です。これが「加茂葉たばこ取扱所」という所です。加茂川町役場のすぐそばにあり、現在は加茂川町民俗資料館になっています。明治30年に建てられたといわれていますから、葉煙草専売法ができてすぐに、もうこのようなたばこ取扱所ができているということです。明治31年が葉煙草専売法の施行ですので、そのための準備もあったと思います。少し見にくいですが、修理をしたという「修繕許可証」があります。「本月二日伺出其所井戸洗場漆喰及構内埋込土管修繕之件、認可ス。髙梁専賣支局長平野桧三」という書類によって、ここが明治30年に作られたということが、ほぼ分かったのです。この入口から耕作農家が荷物を持ってき、ここで荷物を解きます。次に買い入れ所があり、ここで品質を鑑定します。さらに計量計算し、照合します。いったん荷物を解きますので、ここでもう一度包装し直して終わります。その他が計算室や組合の控え室があるという造りになっています。このような取扱所も今はほとんどありません。この加茂川町の民俗資料館は、『岡山県の近代化遺産』が出てから登録文化財に指定されて、残ることになりました。

最近のものを見てみましょう。この写真は井原に入る手前の山の所です。二連の乾燥小屋があって、すぐそばに母屋があります。これはおそらく戦後ものだと思います。この辺は非常にたばこ栽培が盛んだったようで、こういうところを調査しておかなければならないと思います。

私が最近調査に行って分かったことを少しだけ言っておきます。この写真が昔の蒜山川上村の東茅部にあるいぶし小屋、つまり乾燥小屋です。先ほどのような煙突がありません。下からたいて、煙を全部中に入れるようにする造りなのです。『川上村史』に入れた（燻蒸法の乾燥小屋）は、もうなくなっていました。読むと分かりますが、昭和31年度の「備中葉」の乾燥室建設要項か何かで、「日本専売公社岡山地方区」とあり、買ってそのままなのです。蒜山はちょうどこの時期、たばこ栽培をだんだん辞めていく時期です。

岡山のたばこ耕作を支えた人

岡山県のたばこを盛んにしてきた人たちの中から、5人ほど見ておきたいと思います。

まず、第一人者といえるかと思いますが、ここで一番大事な人は大江実太郎という人です。お父さんは大江寛という人で、もともとこの蒜山の川上村で戸長や村長をしたりしていました。実太郎さんは「苗代有福」という品種を選定したのです。耕作者にとってたばこの改良は、結局、品種を改良していくということになりますが、それをやった人です。蒜山に大変立派な碑があります。上福田と中福田の境目のあたりに、今は松の木があって見にくいのですが、立派な「大江実太郎翁の碑」があります。これだけではなくて別の所にもう一つ、「大江実太郎大人」として頌徳碑があります。これも立派なものです。どこに建っているかということですが、彼の家があるのが苗代という所です。「紅有福」という品種はもともとあったのですが、それから「苗代有福」という品種を彼が選び、それが蒜山全体に広がっていきます。だからこの人の碑は、この村の境の「ここから苗代ですよ」という所に建っています。すごいですね。昔の道祖神みたいなものです。そういうことで、この大江実太郎は第一に挙げなければならない人です。これはついでですが、谷田という旧家です。博労さんが蒜山まで行って、ここから大山まで行くときに牛をつないでおく石が若干残っています。

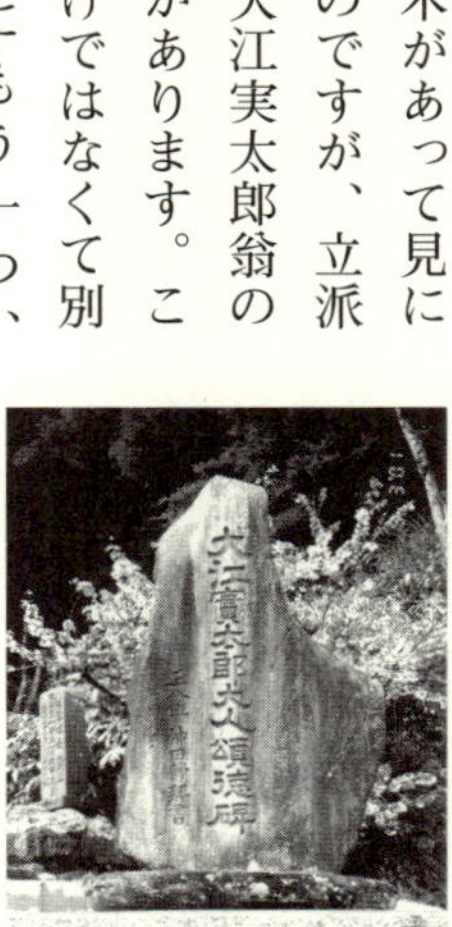

大江実太郎大人頌徳碑

次に、これがたばこの畑なのですが、草間ではこのように果樹が栽培されるようになっていきます。これが女の方が新芽を取っている作業の様子ですが、なかなかうまく写真に撮れませんでした。

これは荻野繁太郎という人です。彼も道路のそばにこのような立派な銅像があります。この人は、たばこそのものもあるのですが、それよりもたばこ栽培を発展させるために道路を造るなど村のために活躍した人なのです。もともと、酒造家の家に来た養子さんで、大変立派な大きい家です。ここに酒を造る蔵があったのですが、今はもうありません。『荻野翁略伝』という本がありまして、いただきたいと言ったのですが、もうないということで、仕方なく写真を撮らせてもらって帰ってきました。

それから、玉島の中塚一郎という人です。この前亡くなられた県会議員の中塚さんという方のお家らしいです。家に行ったのですが、会うことができませんでした。塩竈神社という神社に立派な碑があります。

中塚一郎顕彰碑(塩竈神社境内)

今度は林甚八という人です。この人も養子さんです。邑久町東須恵の昔の村役場だった所に立派な銅像があります。いろいろ見たら、これは石工さんが万成石を使って作っています。これが事跡を書いたものですね。「林甚八翁壽像」と書いておりますが、これを書いたのが、「侍従長枢密顧問海軍大将、鈴木貫太郎」です。終戦時の最後の内閣総理大臣、鈴木貫太郎が書いています。林甚八は宇垣一成の弟で、本名は宇垣です。先ほども言いましたように、大正13年の大旱害、14年のたばこ黄色種導入を見て、邑久の地域に黄色種を導入したといわれている人です。

これらの4人は、岡山県煙草耕作組合連合会が作った『岡山県煙草史』に載っています。あと一人、今の備中町である川上郡平川村に生まれた「植田嘉七郎」という人が、『高梁たばこ百年史』に載っております。この人は藍綬褒章を受章したということで、大変名誉なことなの

林甚八翁壽像

でしょうけれど、試験場から委嘱を受けて、備中葉の研究を相当やったようです。その功績で挙げられております。

おわりに

岡山県はかつて、日本を代表するたばこ生産地帯であったわけですが、それが今やもう歴史になってきました。実際に栽培している人は歴史ではないと言われるかもしれませんけれど、かつての勢いはなくなっています。私も本当に研究が足りないのですが、岡山の歴史全体を見ていくときに、蒜山地域は非常に勉強になったところなのです。実は、専売公社の時代に東京に行きまして、もう少し細かい村ごとのデータを取っています。専売公社は、東京が1923年9月1日の「関東大震災」でやられてしまうので、それ以前の資料がないのですが、関東大震災以降のものは本になっているので、何とか見ることができます。何とか村ごとのデータが欲しいと思って取りましたので、一応、どの村の耕作人員が何人で、小作反別がいくらで、量目がいくらで、賠償金がいくらということは全部分かるのですが、まだまとめはできておりません。また、日本専売公社の原料本部が、この中にいろいろなたばこの性質を書いたものを毎年発行しております。この中に、やはり「備中葉」が登場してくるわけです。

初めに言いましたように、たばこの歴史について、私は耕作と農民経営に関心があったものですから、その研究をやってきたわけですけれど、関心の持ちようによっては、いろいろと分野を広げてできるのではないかと思います。なお、生の資料を使って研究しようと思った場合、JTの岡山の支社にあれば、交渉してみる手があるかなと考えています。

最後になりましたが、農民たちにとってどのくらいの利益があったか、これがやはり必要ですよね。大正期なのですが、蒜山で計算したときには、労働力が田んぼに対して約1.5倍かかります。収入は田んぼのおよそ2倍です。だからしんどいけれど、結構収入は良かったのです。専売局・専売公社になって、毎年きちんと規則正しくやれば安定した作物になったということなのです。そういう意味では、専売制度になってから安定した農家の生活を営むことができるようになったといえると思います。そういうことで結論にしたいと思います。

児島・井原の繊維産業

山陽学園大学教授
中島茂

はじめに

児島も井原も、江戸期以来の繊維産業の町として有名な所です。現在も、学生服あるいはジーンズの産地として、日本国内でも重要な位置を占めています。児島というと学生服、これは我々の世代からするとごく当たり前のことです。話のネタに学生服を着てこようと思ったのですが、40年ぐらい前にお世話になって以来、手元にございません。普段履きのジーンズを履いてきましたが、ふと見たらメーカーはＥＤＷＩＮ、東京が本社の会社です。ＢＩＧ　ＪＯＨＮとかＢＯＢＳＯＮとか、児島の企業のジーンズを持ってなかったものですから履いてこられなかったのです。ただ、ＥＤＷＩＮは、東京の会社と申しましても製造の一番重要な部門は岡山にあります。国道2号線バイパス沿いにＥＤＷＩＮという大きな工場が見えます。そういうことまで含めて考えますと、岡山は大変重要なジーンズの中心地であるということです。そこで、そういった岡山を代表する産業として、井原あるいは児島の繊維産業が地域の産業として重要な柱になるということで、メーンテーマに掲げました。

そもそも私自身は地理学が専門ですが、地理と歴史というのは非常に密接なかかわりがあります。歴史的な出来事について、我々は文書を通して情報を知るわけですが、実際には、この大地の上で人々が生活する、土地に張り付いて動いている人々の営みが歴史になっているわけですから、地理とのかかわりなしに歴史的な事象はあり得ません。地理的なものの分布も、ある日突然岡山の町が天から降ってきたわけではなく、何百年という時間をかけて現在の姿になってきたのですから、地理的な事実も明らかに歴史の結果なのです。地理と歴史は一体不可分です。私自身は、地理を専門にしながら、自分の研究テーマは明治・大正期、つまり近代です。しかも、私は実は出身が大阪でして、泉州の綿織物というものをメーンテーマとして研究を進めてきました。私自身の研究と現在の岡山県を絡めながら、歴史とも地理ともつかない話をさせていただこうと思います。

児島と井原

これは児島下津井の地図です（資料1）。赤い丸印は学生服を中心とする製造メーカー、赤の三角は学生服以

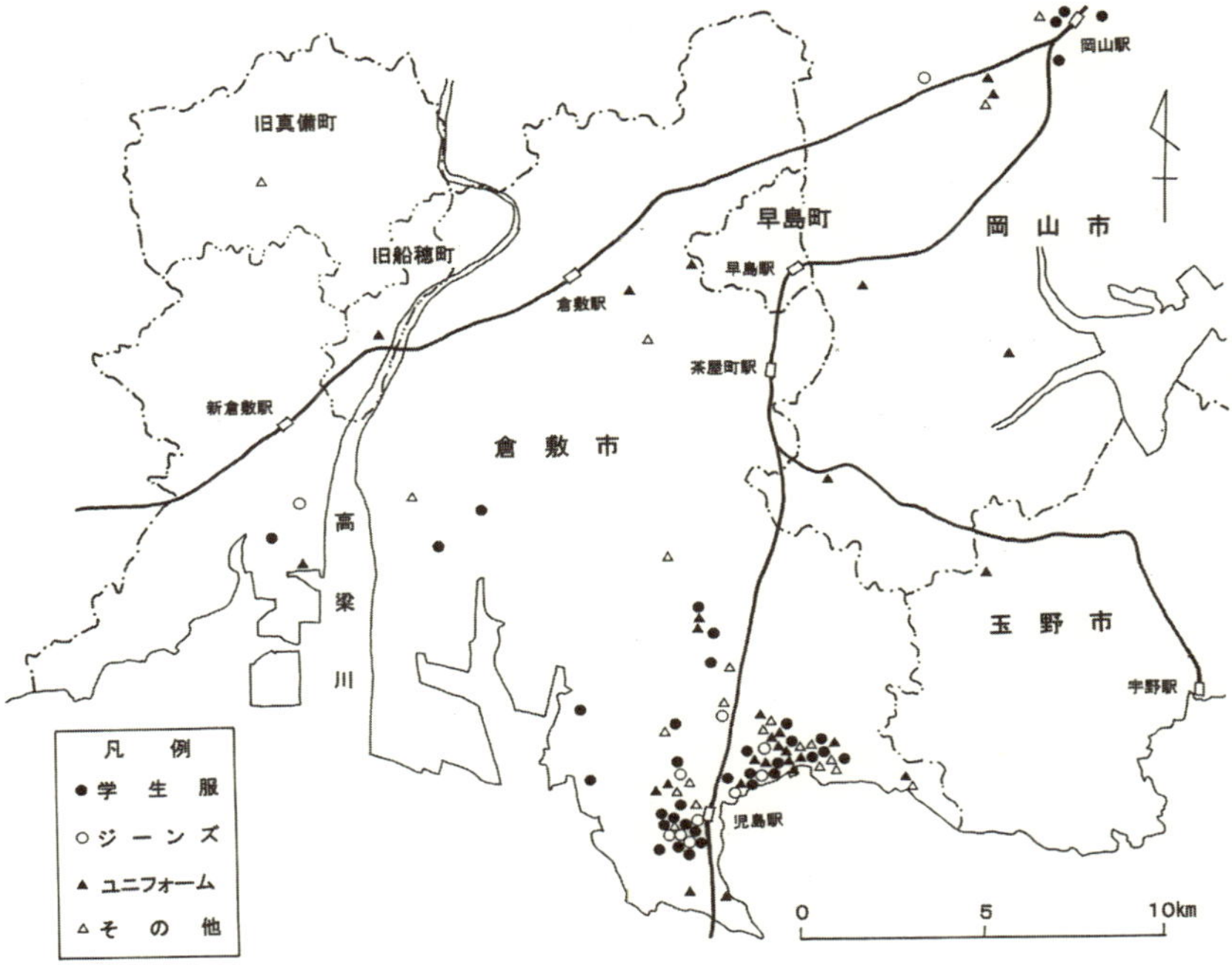

資料１　岡山県アパレル工業組合加盟企業の分布

外の制服、ユニホーム関係です。青い丸はジーンズの関係で、青い三角はその他です。現在、岡山県のアパレル工業組合に入っている会社は、昨年夏の時点でわずか１０３社でした。そのうち、伝統ある中堅企業として地元で名の通っていた小郷産業がやっていけなくなり、明石被服の傘下に入りました。こういうふうに、ずんずんと企業の数が減ってきております。下之町のあたりに非常に大きな縫製業の集積がありますが、確かこのあたりが明石被服だと思います。こういう特定の場所に、地元大手クラスのカンコーの尾崎商事、富士ヨットの明石被服、昨年度、ブランド名が社名に変わりましたトンボ学生服のトンボ、こういったものが集まっています。大体年商が百数十億円クラスの企業で、そういった地域の大手・中堅企業あるいは中小企業が多数集積をしています。少なくとも、20～30年前には組合員だけで４００社は数えたであろうアパレルメーカーが、岡山県の組合に入っているものだけで１００社、いわゆるアウトサイダーを入れると300社にはなるのですけれども、どんどん減っていっています。こういう状況を見ますと、今の日本では繊維はもうやっていけないという中でそのまま忘れ去られるというのは、ちょっともったいない。むしろ、あらためて歴史なりここに至る経緯なりをたどってみるほうがいいのではないかと思います。

児島と並び、岡山県西部の井原も織物の産地です。備中織物は江戸時代以来の特産品でした。井原には旧山陽道の宿駅があったり、あるいは市が立つような町であったりした所ですから、参勤交代のたびに侍たちがここで買い物をし、西国を中心にして備中織物の名が随分広まったわけです。そういう岡山の井原と児島という2つの産地が、どういう特色を持ち、どういう背景があったのか、あるいはそこでどういう人々が活躍し、今どういう状況になっているのでしょうか。

地場産業とか地域で活躍している産業の場合には、産業の担い手イコール地域の担い手ということになります。地域の生活者の知恵なり工夫なりがそこで生かされるのです。それともう一つは、大企業の構造と、中小、中堅企業の構造、もちろん同じ企業として市場原理に基づいて動くという意味では共通項があるわけですが、やはり中心的なリーダーの行動の特性が、中堅企業の場合により強く表れる。その意味で個性の強い企業が生まれてくる可能性が高いのです。そして、そういった個性の強い経営なり企業なりのある程度の蓄積というものが、一種地域の個性を生み出していく。こういうような発想は十分成り立つだろうと思うのです。そういう岡山の地域的個性がどういうふうにして生まれてきたのか、このあたりを地場産業の代表である繊維工業から見ていこうと思います。

岡山の工業の特性

現在の岡山の工業について、まず全体を振り返ってみましょう。資料は「工業統計表」の2005年という一番新しいデータです。工業統計のスタートは明治42（1909）年で、全国一斉に工場、物作りのことを調べ、かれこれ100年近い歴史がある統計です（資料2）。全国の製造業あるいは化学など岡山に関連する主要な業種を引っ張り出しまして、岡山の中で、あるいは全国的にどんな役割をしているかということを示したものです。

これは、従業者数が1人以上の全事業所を対象としております。県内に6800余りの事業所があり、15万人余りが働いています。工業出荷額はおよそ7兆3000億円です。全国順位で見ますと、事業所数では47都道府県中22位、従業者数では21位、出荷額では15位、ちょっと出荷額の順位が高くなります。付加価値額とは、原材料とか燃料代とかを除いて、その工場の生産現場で付け加えた価値の分、これを付加価値といいます。具体的には、そこで働いた方の賃金とか会社の利益の部分などです。従って、高度な技術を持って高い賃金が払われていれば当然付加価値が高いということになります。ただ岡山の場合、出荷額に比べると順位が少し下がって17位、これは全国47都道府県ですから、大体岡山の工業というのは真ん中よりも上位にあることになります。

出荷額のベースで見ますと、大きいのは石油製品や化学で、軒並み1兆円前後です。それから鉄鋼、その下の輸送は、ほとんどが三菱自工の自動車、それと玉野をはじめとする造船からなりますが、この関連のものでおよそ1兆円、現在の岡山を代表する工業は、金額で見れば旭化成とか三菱とか水島の工業地帯にあるこういった一連の企業が圧倒的な比率を占めております。これに比べますと、繊維や衣服は桁が1つも2つも小さい、県内の比率で見ても非常に小さくなっております。しかし、特に衣服を見ていただきますと、児島の縫製業がこれに含まれるわけですが、県内ではわずかな地位といい

	事業所数	従業者数	出荷額等	付加価値額
製造業合計				
実数	6,837	155,026	7,321,212	2,231,678
県内比	100.0	100.0	100.0	100.0
対全国比	1.5	1.8	2.5	2.1
全国順位	22	21	15	17
繊維				
実数	337	4,649	79,192	36,495
県内比	4.9	3.0	1.1	1.6
対全国比	1.4	2.8	3.4	3.6
全国順位	17	10	9	8
衣服				
実数	987	12,886	174,516	83,227
県内比	14.4	8.3	2.4	3.7
対全国比	3.4	4.7	7.8	7.8
全国順位	7	2	2	2
化学				
実数	123	9,872	1,029,011	249,172
県内比	1.8	6.4	14.1	11.2
対全国比	2.2	2.9	4.1	2.2
全国順位	13	13	10	17
石油				
実数	28	1,116	1,226,733	44,421
県内比	0.4	0.7	16.8	2.0
対全国比	2.5	4.6	9.1	5.5
全国順位	13	6	3	7
鉄鋼				
実数	109	7,092	947,974	406,945
県内比	1.6	4.6	12.9	18.2
対全国比	1.8	3.3	5.6	6.6
全国順位	18	9	6	6
輸送				
実数	319	20,590	1,042,825	370,552
県内比	4.7	13.3	14.2	16.6
対全国比	1.8	2.2	1.9	2.4
全国順位	15	13	13	12

注）実数金額単位は100万円、県内比、対全国比は%。
資料）経済産業省『平成17年　工業統計表（概要版）』

資料2　岡山県工業の位置(2005年)

ながら、全国順位がほかの業種と比べて断トツに高いのです。衣服関連の製造業は、事業所数で全国順位が7位、従業者、出荷額、付加価値額はいずれも2位、つまり岡山は衣服に関しては全国2位規模の生産を誇っているということになります。事業所数が少し少なめに出てくるのは、相対的に、ほかの産地よりも工場規模が大きいということになります。1位は大阪です。衣服関係は大阪と岡山が大変強いということが分かります。

水島に代表されるような大規模な工業は、もともとここにあったのではありません。基本的には戦後、大体1950年代以降です。当時の三木県知事の非常に熱心な企業誘致に応じて、三菱系の企業が来ました。三菱はもともと三菱航空機が戦時疎開で水島にやってきたことが出発点にあります。なぜ三菱航空機がわざわざ水島を選んだのかというと、名古屋で飛行機を造っていたのが空襲等で何とか西のほうに拠点を構えたいというときに、当時の海軍関係者に岡山出身の方がいて、その方の引きがあったらしいということが、水島の歴史に出てきます。当初は岡山市の南部、児島湾の干拓地を想定したようですが、残念ながら非常に地盤が軟らかい。その頃、高梁川の改修で流路が西のほうへ移行され、高梁川の東側の流路が廃川になって、そこに河川の砂がたまっていました。砂州の上というのは非常に安定した地盤で、相当な重量物が十分に建ち得る。この高梁川の砂州が水島の三菱航空機の工場用地になりました。昭和18年には工場が造られたそうです。しかし、ほとんどまともに造らないうちに20年の空襲で工場が破壊されました。戦後、これが三菱自動車に移管される形で小型トラックの製造から再建が始まっていったのです。こういうことがあって、三菱石油など系列の大手の企業が張り付くことになったのだと思います。

50年代、60年代には、当時の川崎製鉄あるいは三菱、こういったものが拠点を構えています。水島は新産業都市の優等生だといわれたということですが、新産業都市の政策が始まるのが昭和37（1962）年度ですから、もう既に大手企業は皆張り付いた後です。後追いで指定をしてもらって、周辺の道路整備だとか港湾整備を国の予算で行いました。既に走りだしていたわけですから、強いのは当然です。

そういう形で、戦後は外から来た企業を中心にして工業化が急速に進むことになりましたから、これはこれでもちろん重要なことではあるのですが、それは岡山の個性ということを考えればどうかなと思うのです。そういう意味からいうと、鉄を作るにしても石油化学をするにしても、どこでも似たような形になってしまうので、いわゆる岡山らしさというのがなかなか見えてこないのです。

個性的な地場産業

これに対して、地場産業とか、在来型、伝統的な産業部門というのは、土地の人が土地の生活の中から築き上げてきたものですから、非常に個性があります。繊維というのはその代表的なもので、ほかにも食品あるいは木材、岡山の場合は県北のほうがもちろん中心ですけれども、それから焼き物関係、窯業があります。つい備前焼ということを連想しますが、金額的に大きなのは三石のあたりの耐火煉瓦です。鉄鋼業、製鉄業の発展と軌を一にして、溶鉱炉の内壁の耐火煉瓦が非常に大きな需要を生みました。あるいは、岡山の特産的なものであった備前表、イグサです。また、今でも細々とやっておられますけれども、寄島あたりの麦藁帽、岡山県南の自然や風土を利用しながら、そこに見合った産業を歴史を通じて立ち上げてきました。大変個性的です。麦藁帽が日本工業の中で中枢的な位置を占めるわけでも何でもありませんが、そういう部門では、岡山は全国でも有数の生産地です。こうして、岡山には大変個性の強い幾つかの業種、企業が生まれました。

企業の例では、製造業では林原があります。林原は水あめを作るところから始まっている食品メーカーです。私たちが子どものころはカバヤという名前で、おまけだとか漫画だとかとの印象がありますが、これは現在別会社になっています。今、林原は単なる水あめのメーカーではありませんね。医薬品メーカー、バイオテクノロジーを応用するインターフェロンとか抗がん剤など、製薬メーカーとしても大変大きな夢を持っております。水あめを作る発酵の技術、これがバイオテクノロジーに応用された形で現在に至っているわけです。しかも、この林原は文化事業などに非常に熱心です。林原美術館は有名ですが、最近では、恐竜の発掘をしたり、玉野にチンパンジーの類人猿センターを作ったりというような、文化貢献、地域貢献活動をやっておられます。

それから、ナカシマプロペラという船舶スクリューの会社があります。上道のあたりに工場がありますけれども、世界の主な船のスクリューは大体ナカシマプロペラです。大型船だったら、大体国内生産の7割、世界全体でも4割はナカシマプロペラのスクリューを使っています。スクリューの羽の表面加工がものすごく優れているのです。高速で回転したとき、抵抗があると海水が触れて気泡ができます。気泡は空気です。空気がぶつぶつスクリューの表面に付きますと、空気をかき回すことになって推力が出ません。水をかき回さないと推力は出ないのです。表面の処理が悪いと海水が泡立って気泡ができ、推力が落ちてしまいます。ところが、ナカシマプロペラのスクリューは、ベテラン職員がなめるようにして加工しますので、ほとんど泡ができません。そうすると、羽根の推力が落ちないものですから、エネルギーの効率が大変いい。それで世界の大きな船は大体ここのスクリューを使っているのです。ここ数年、造船は随分景気がよくなってきていますから、何年か先まで仕事でいっぱいだということです。

繊維関係では、学生服の全国シェアが高いです。20０3年のデータで大体66.8%が岡山県だといわれています。ほぼ7割、岡山県が断トツです。近年の少子化で年々規模が縮んできているのですが、日本全体でおよそ800億円の出荷額のうち、岡山だけで530億円、以下第2位が宮崎県ですが62億円、桁がどんと下がってしまいます。このうち埼玉や愛知など東日本は別としまして、西日本の九州、中国地方は、実は児島のメーカーが進出して工場を造り現地生産しているのです。宮崎は尾崎商事、山口は明石被服です。従って、事実上は岡山のメーカーが大体7~8割を占めていると思います。

実は、学生服というのは同じ服でもファッション関係の服とは違います。このごろ随分学生服もファッショナブルになって、昔の詰襟なんていうのはあまり見なくなり、ブレザーとかおしゃれなものになりました。特に女子高生などは、有名デザイナーのものを着て、高校生なのかファッションモデルなのか分からないようです。しかし、学生服は基本的には3月、入学直前にしか売れません。だから、大体3月下旬の2週間に1年分の発注が全部そこへかかるわけです。でもそんなもの急には作れません。学生の数が減ったとはいいながら、やはり何十万着と作らないといけないわけですから、このあたりが学生服市場の、ほかの衣服と特に違う点です。

以上のように、少し特殊な市場で岡山は圧倒的な地位を持つ、繊維一般とか着るもの一般ではなくて、特殊な特定の品目なり業種なりに特化して岡山の個性がぱっと出てくる、こういうところに岡山という土地柄が出てくると考えます。そこで、その現状を少し過去へさかのぼっていきながら、近代以降登場してくる地場産業的な産業の中身について探っていこうと思います。

近代を切り開いた繊維産業

県南は江戸期以来、綿作の産地です。特に、備中織物は大変名をはせました。児島を外しますと、ここから東にはあまり大きな平野がありませんから、なかなか綿作をする所は出てこないのですが、ここは昔から綿作地として有名でした。現在、児島は倉敷市です。倉敷市の大半は備中ですが、児島だけは備前です。先ほどの地図を見てもらったら分かるとおり、平らな土地があまりない所ですけれども、塩田に代表される干潟的な干拓地があります。こういった場所では、塩分が抜けていくまではお米が作れないので、とりあえず畑作をする。雨の少ない所で日照りにも強い作物として綿が導入されたという経緯があるようです。地元での木綿生産は江戸期から既に始まっておりました。

木綿生産は西日本一帯、江戸期から大体西日本ですが、三河、それから大阪の泉州、河内、三河木綿、河内木綿というあたりが大体の産地です。姫路を経て岡山の備中、このあたりが代表的な産地を形成しておりました。明治になると輸入物が入ってくるようになり、国内の綿糸、綿布生産、綿花栽培は急速に衰退します。日本産の綿花は繊維が短い。エジプト綿などは非常に繊維が長く、長い繊維ほど上等なのです。いい糸が作れます。繊維が短いとどうしても切れやすくなります。特に近代化過程で機械織りが入ってきますと、国産の綿花ではどうしても糸切れが多くなってしまいます。したがって、輸入綿花に取って代わられる。こうして国内の綿業は、いったん火が消えたような状態になりました。しかし、明治期の殖産興業政策の中で、何とか在来の技術を生かせるものというと、織物、繊維関係です。輸入綿糸や綿布を何とか国内生産に置き換えていこうという動きが出てきました。

明治早々、島津藩は、鹿児島あるいは大阪の堺で紡績所を立ち上げます。国も官営の紡績所を立ち上げようとします。民間にも綿糸づくり、機械による糸づくりをさせようということで当時の明治政府は紡績機を輸入します。糸を巻き取る器具を「錘《すい》」といいますが、明治の半ば、1870年、1880年代ですが、当時の近代的な紡績工場で1万錘、錘の数が1万を超えないと採算ベースに乗らないといわれていました。小規模な工場ではとてもコストに合いません。明治政府は2万錘、イギリスから機械を輸入してくるのです。

ところが、機械の値段がむちゃくちゃ高い。国内では購入する人がいません。そこで、それを10分の1に割っていきます。つまり2000錘という規模で紡績所を立ち上げようと全国で募るわけです。俗に「十基《じゅっき》紡《ぼう》」、10の基本的な紡績所ということです。これは民間がベースで機械の払い下げを受けるという形でした。今の金額にすれば1台何千万円もする機械ですから、民間にはそんなお金はありません。政府は無利子で10年分割払いという破格な条件で、払い下げを行います。

資料3に10名の発起人、払受人の氏名を上げています。詳しく見ていきますと、三重・下村・玉島・島田、次が遠州の二俣です。それから下野《しもつけ》・市川・豊井、それから長崎の佐賀物産会社、高木という人の名前が上がっていますが、これは結局掛け声だけに終わってしまい、実際には動いておりません。最後の長崎紡績所を含め、この10カ所を「十基紡」と一括して呼ぶわけです。岡山県下では下村紡績所、これは児島ですが、それと玉島の2カ所でした。あたるかどうか、どうなるか分からない

機械術造記号	下付シタル年月	払受人ノ姓名	備考	
C印	明治十三年十一月	三重県下 伊藤伝七	三重紡績所	明治十五年 六月開業
D印	十四年 一月	岡山県下 渾大防埃二	下村紡績所	十五年 十月開業
E印	十四年 一月	同県下 難波治郎三郎	玉島紡績所	十五年 一月開業
A印	十三年十一月	静岡県下 鈴木久一郎 桑原穂三郎	島田紡績所	十七年 六月開業
K印	十四年 一月	同県下 遠州紡績組	岡田良一郎	十七年十一月開業
N印	十四年 九月	栃木県下 野沢泰二郎	下野紡績所	十八年十一月開業
M印	十四年 三月	山梨県下 農産社	市川紡績所 栗原信近	十五年 三月開業
O印	十四年 三月	大阪府下 篠織太郎外壱名	豊井紡績所 前川迪徳	十六年十二月開業
D印	十四年 五月	長崎県下 佐賀物産会社	高木盛賛	中止
S印	受取人当時出京中	同県下 山崎忍之助外四名	長崎紡績所 山口孫四郎	十七年十二月開業

出典：明治十四年『農商務卿第一回報告』『明治前期産業発達史資料』第四集(1) 一三三頁。但備考欄は著者注である。

（出典：岡本幸雄『明治期紡績技術関係史』）

資料3　十基紡一覧表

大冒険なのに、率先して手を挙げていく、そのあたりに岡山県人の特性が出ているのでしょうか。進取の気風があったと、格好よく言えばそうなるのかもしれません。

実は、この十基紡以外に、岡山にはもう一つ2000錘規模の紡績所がありました。岡山紡績所です。現在の岡山市旭東地区でしょうか、旭川のすぐ東側、門田屋敷から少し南に下がったあたりです。博愛会病院の分院があり、山陽女子校にも近いです。山陽女子校があった場所自体が、もとは紡績工場のあった場所なのです。明治28年の地形図（資料4）の中に、丸で囲ってある部分がありますが、これが岡山紡績所です。「十基紡」よりも1年早くスタートしました。これは、廃藩置県で士族たちが食い扶持を失ったために、士族授産の一環で、元岡山藩主の池田公が出資してできたそうです。

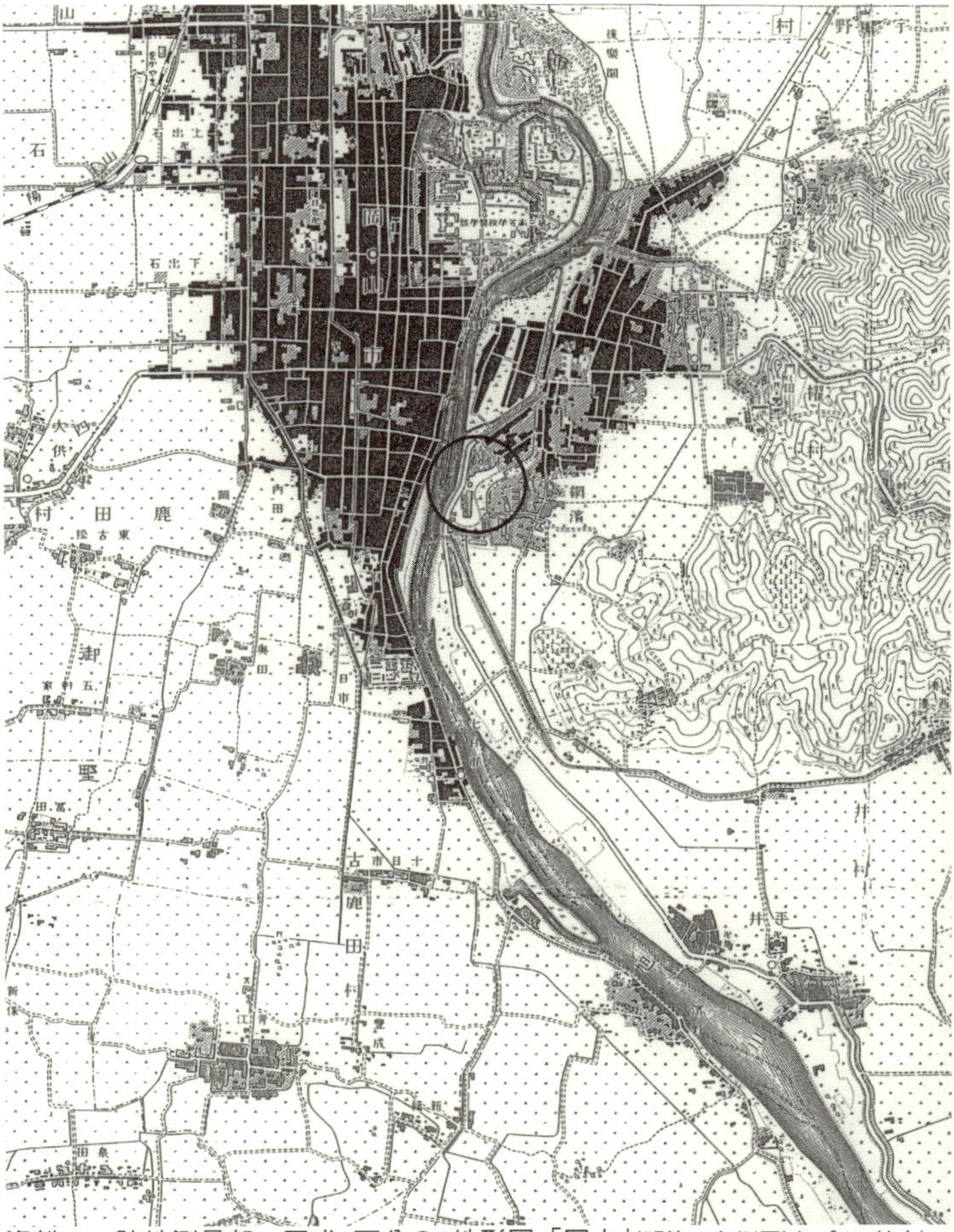

資料4　陸地測量部　正式2万分の1地形図「岡山」（明治28年測図）（50%に縮小）

最初は「ミュール紡績機」を入れて始めたのですが、なかなかうまくいかなかったようです。赤字がかさむということで、工場を拡張した際に最新式の「リング式」という新たな紡績機を入れて少し生産ベースがよくなってきます。ここは後にカネボウへと引き継がれていく会社です。

昭和13年に絹川太一先生が書かれた『本邦綿絲紡績史』という本に、面白いことが書いてありました。岡山紡績所が「水害と火災で丸もうけした」と書かれてあるのです。旭川の氾濫《はんらん》で工場が水に浸かってしまいました。すると、出資者は、洪水で流されてしまったからもう返ってこないとあきらめ、出資した分を回収しなかったというのです。つまり債権放棄です。「えっ」と思いますよね。今は、そんなことはあり得ないですが。火災に遭ったときも、焼けてしまったらどうしようもないということで、債権放棄。しかも幸か不幸か古いほうの紡績工場が焼け、新しい機械は丸々残ったというのです。池田公や政府系から少しの融資もあるのですが、火災と水害で借金が棒引きになってしまうというようなことが本当にあったのだそうです。それで借金がなくなり身軽になって、新しい紡績工場のほうで業績が上がっていきます。ひょっとしたら背後でいろいろと画策した人がいたのかもしれません。

下村紡績所

さて、「十基紡」のうちの一つが、いま申し上げた児島、下村とありますが現在の下之町です。そして下之町の紡績所になっていくわけです。これも地図でお示ししています（資料5）。海沿いの平地に見えているところは塩田です。そして丸で囲っている部分、当時は「下村《しもむら》」といっていますが、その真ん中あたりに、工場のマークが付いていて建物記号があります。「下村紡績所」が作られた場所です。海から大体3町ほど内に入った場所です。

動力は何だったのでしょうか。当時は「水車」で動かそうという発想をするのですが、この細い川ですから水がほとんどありません。ですから、下村紡績所は当初から「水車」ではなく「蒸気機関」を使いました。ボイラーを作って蒸気の力で動かすということです。岡山紡績所も「蒸気機関」です。実は、この下村紡績所を立ち上げようとした人が、児島で名家の「高田家」、渾大防《こんだいぼう》埃二《あいじ》・益三郎の二人兄弟です。

この兄弟は、お兄さんのほうが積極的なタイプの方であったようで、当初、政府から話があったときには、岡山の玉柏のあたりに工場を造ろうとしたという記載があります。しかし玉柏ではうまくいかず、結局は弟の益三郎のほうが中心になって、実家近くの児島の地に引っ張ってきたといわれています。お兄さんが考えた玉柏でというのは、おそらく「水力」、「水車」を意識したのだろうと思います。明治28年の地図で玉柏周辺をみますと、ちょうどその上流部に用水路があります。この農業用水路の水を、水車を回す水源に使えないかと画策したのだろうと思います。しかし、水利権というのは大変強固なもので、水車に水を回されて田んぼに入る水に影響があっては困るということで、おそらく地元の村人の同意は得られなかったのだろう

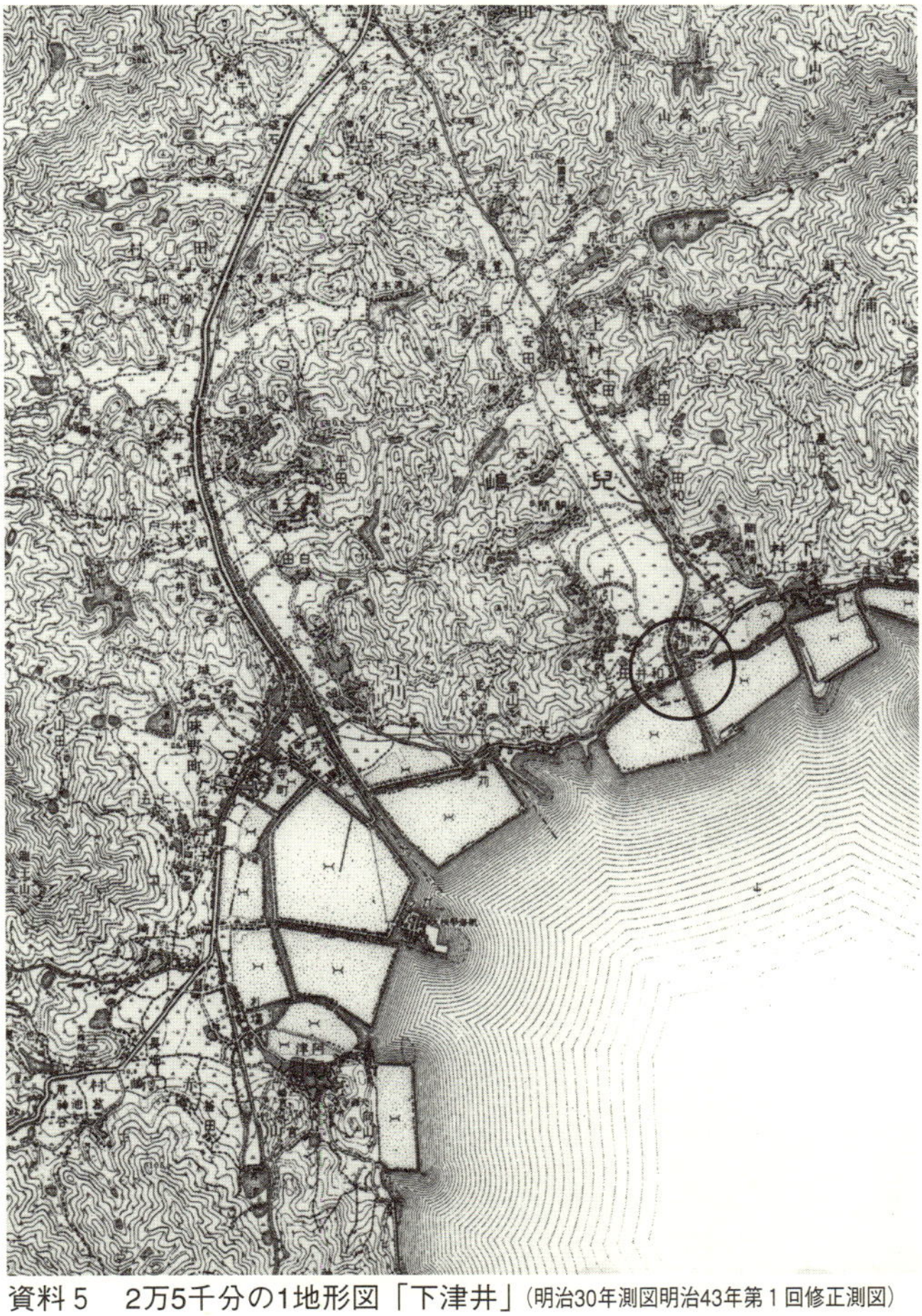

資料5　2万5千分の1地形図「下津井」（明治30年測図明治43年第１回修正測図）
（50%に縮小）

と思います。そうこうするうちに、弟のほうが「それでは児島へ行ってしまえ」ということで、しかも「水車」ではなくて最初から「蒸気機関」で回そうと考えたわけです。

　実は、全国各地、大体最初は「水車」で試みました。広島にも官営の広島紡績所が作られたのですが、当初の計画は失敗しました。今考えると、ずさんな話です。「水車」を架けたのですが、梅雨時に設計したため、冬場になると水位が下がってしまって羽に水がかからないのです。夏場しか水車が回らない、半年しか動かない工場では困ります。工場を建て機械まで据えていながら、結局、広島紡績所は改めて「蒸気機関」に置き換えざるを得なかったのです。

　下村紡績所はそれなりに業績を上げたようですが、明治36（１９０３）年に経営破たんしました。この会社自体に原因があったのではなく、同時に銀行等を立ち上げていた、地元の鴻村銀行が不渡りを出してしまったのです。その銀行がなぜ倒産したかというと、その一族に足袋屋さんがおりました。児島は繊維から始まったと申しましたけれども、学生服に至るまでの間にいろいろな経緯があります。もともと厚手木綿を作っていますから「厚司《あつし》」だとか「雲斎《うんさい》」とかと称します。いわゆる足袋生地にはぴったりです。その足袋を作る会社あるいは卸す会社に過剰投資を行い、ここから回収できなくなったらしいのです。銀行破たんのあおりが下村紡績所にも及び、突然の経営破たんとなったのです。その後、幾つかの会社を渡り歩くのですが、結局は昭和初期（１９３４年）に「琴浦紡績」という会社に引き継がれる形になります。これは昭和60年代ぐらいまで続きます。昭和61（１９８６）年まで、この「琴浦紡績」は営業をしていました。

　現在では、その跡は残っておりません。数年前に産業遺産の遺跡として残そうという運動はあったそうですが実らず、現在はパチンコ屋さんかゲームセンターか何か知りませんが、そういうような民間施設に売却されました。資料は当時の様子です（資料6）。下村紡績所（左側）の写真は角田直一先生の著書『下村紡績所』から、渾大防埃二その他の写真は絹川太一先生の『本邦綿絲紡績史』からお借りしました。見取り図も同じ絹川先生のものです。こういうものがすっかり無くなってしまって、少しもったいないことです。

岡山県のアパレル工業組合の組合事務所が児島駅前にありまして、昨年お話を伺いに行ったときに、理事

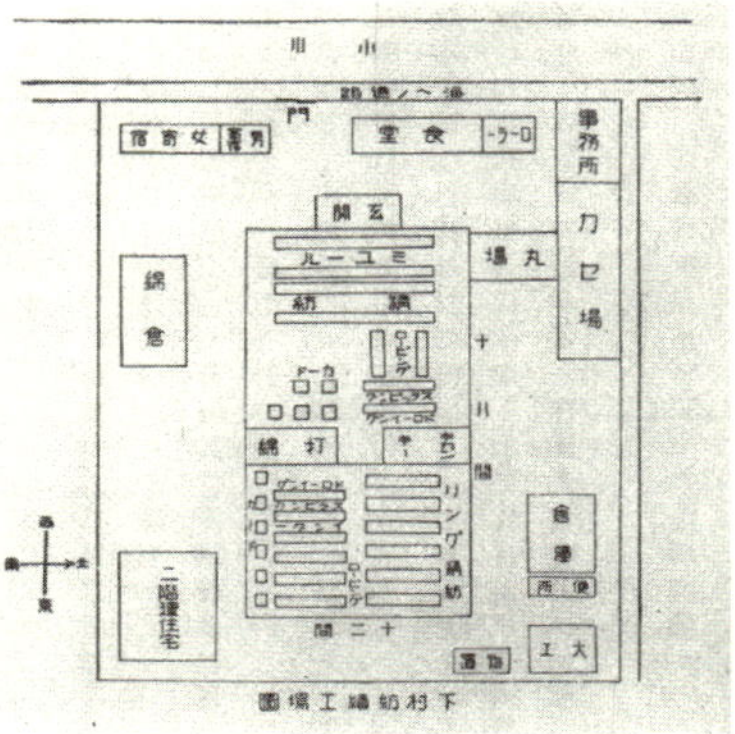

資料６　渾大防埃二の写真と下村紡績所
（出典：絹川太一『本邦綿絲紡績史』第三巻、角田直一『下村紡績所』）

の方が「これだけ歴史があるのに、織物紡績関係、縫製関係の歴史を示す、公の記念館、博物館が無い。ぜひ欲しい」と言っておられました。採算だとかいろいろなことがあって難しいのかもしれませんが、日本一の生産を誇る繊維産地でありながら、それを示す歴史遺産が次々消えていくのは、寂しい限りです。

玉島紡績所

玉島紡績所のほうですが、写真は難波二郎三郎という人です。この方は国立第二十二銀行、玉島支店の支店長で、出身は小豆島のようですが、岡山が長いという方です。この方が「十基紡」の話に乗って、玉島紡績所を立ち上げました。県立図書館所蔵の『中備の魁』から玉島紡績所の創業時の絵を借りてまいりました。上の写真と工場見取り図につきましては、『本邦綿絲紡績史』からお借りしたものです（資料7）。

この工場はなかなか調子よくいったようです。しか

も、先ほど「十基紡」のうち佐賀物産会社は結局立ち上がらなかったと申し上げましたけれども、実はそこの2000錘分をこの玉島が引き取って、あっという間に4000錘になり、経営も当初は順調であったと記載されています。しかし、日清戦争後の不況で過剰投資がたたって、結局これも経営破たんしてしまいました。明治32（1899）年のことです。その後、吉備紡績へ転売されたのち、明治42（1909）年に倉敷紡績へ引き継がれていくことになります。倉敷紡績の設立は明治21（1888）年ですから、「十基紡」よりもかなり後になるわけです。

実は、この倉敷紡績が立ち上がるときに、技術指導と申しますか、経験のない従業員を研修したのが下村紡績所です。しかもこの後玉島紡績はクラボウへ移ってきますので、岡山の地に始まった二つの紡績所は、結局は倉敷紡績に技術的に受け継がれていくことになるわけです。紡績所がたまたまポツポツと2カ所できて、泡のように消えていったというのではなく、技術がちゃんと受け継がれているということです。その後、この工場は倉敷紡績の手を離れて、名古屋に拠点がある近藤紡績所の会社に経営が移っていきますけれども、技術的なものはクラボウにしっかりと受け継がれていくことになります。岡山の製造業の初期、重要な役割を担ったということが分かります。この地図は明治30年の測図で、明治43年に修正されています（資料8）。

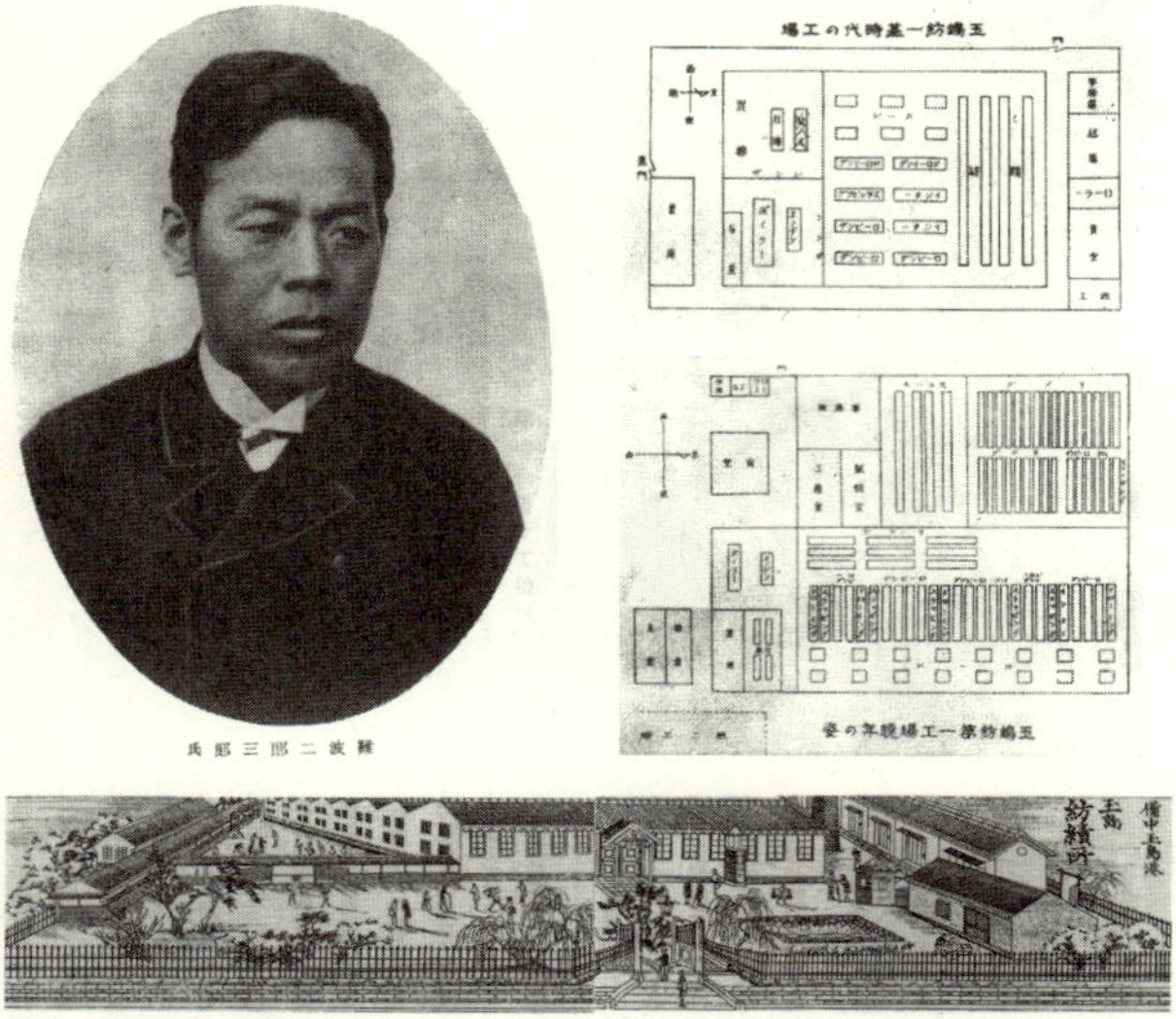

資料7　難波二郎三郎と玉島紡績所
（出典：絹川太一『本邦綿絲紡績史』第二巻、『中備の魁』）

ここにはっきりとこの形で残っています。現在もほぼ同じ位置に「近藤紡績所」の、直近の状況はちょっと分からないのですが、数年前までは存在していましたから、後裔を見ることができるということになります。

学生服市場の特異性

今度は織物から衣服のほう、縫製のほうへ少し話を転じます。まさに同じ児島でもって、先ほど申し上げましたさまざまな繊維製品の生産が始まるのです。ここでは伝統的な「小倉織」などから始まって、細帯のたぐいのものから、朝鮮半島等に輸出するための腿帯《たいたい》子《ず》といいますか、私は現物を見たことがありませんけれども、こういったものの生産に集中しています。他の産地のとの競合を避けるために特殊品目に特化しています。汎用品はより規模の大きな、例えば大阪泉州の白木綿生産は当時日本最

資料8　2万5千分の1地形図「玉島」（明治30年測図明治43年第１回修正測図）
（50％に縮小）

大の産地ですけれども、要するに白木綿なら大量生産だとコスト競争力ではほかの産地は太刀打ちできないわけです。したがって一般の木綿製品ではなく、非常に特殊な品目に特化して、そういうものが生き残っていくわけです。

児島の場合も、いわゆる汎用の白木綿ではなく、細幅（織物）だとか足袋だとかというものに特化していきました。そして小倉織の厚手の生地加工が、大体大正の半ばぐらいから、制服、学生服生産のほうに転換していくのです。足袋の縫製技術が生かされたともいわれています。誰が始めたかということについては諸説あるようですが、大正後半期から昭和初期にかけて、角南周吉・洲脇勝太郎、尾崎邦蔵等々、ここが現在の尾崎商事につながっていきます。明石歓太郎は明石被服興業です。これらの先覚的な人々によって、学生服の生産が本格化してくるのです。現在、「ＢＩＧ３」といわれているのが「尾崎商事」、ここが売り上げの上では一番大きいです。それから「明石被服興業」、そして２００６年の夏ぐらいまで正式社名が「帝国」だった現在の「トンボ」です。この「ＢＩＧ３」の売上高は１００億円以上で、この次のクラスになりますと、20～30億円でガクッと規模が小さくなるようです。

先ほど申しましたように、学生服市場は発注自体が非常に特殊なシーズンを持っています。春、しかもほぼ10日、20日の間に発注が集中するのです。どうやって作っているかというと、春から秋にかけて標準サイズのものをまとめて作ります。大体8割方は秋までに作ってしまうそうです。年が明けて、1月、2月になって入試が始まり、注文が出始めたときに、特別に大きなサイズだとか、特別に小さいサイズが出てきます。それを残り20日ぐらいで受けて、一気に作ってしまうそうです。そうでないとこれだけ一度には作りきれません。逆にいうと春から夏にかけて作ったものは、次の年の春まで寝かしておかないといけない、つまり在庫期間が非常に長いのです。普通、繊維製品の在庫は1期ぐらいです。女性のものでしたら年間6期ぐらいあって、次から次へと置き換わっていきます。ところが学生服の場合、そうはいかないのです。

児島に行くと工場よりも倉庫が目に付きます。明石被服興業の前も、ほとんど倉庫ばかりです。半年あるいはそれ以上、しっかりと吊っておかないといけないからです。「学生服は形が決まっているから、よその量産メーカーが大量生産の力に任せて参入したら、児島の産地なんて一呑みにならないのですか」と聞くと、「できないんです。こんな特殊な市場だから、作って1年近くも倉庫で寝かして置かないといけない。こんなもうからないことに大手のメーカーは手が出せません。だから頑張れるのです」ということでした。

最近の学校の制服は、いろいろなデザインになって、同じものを作っていればいいというわけにはいかなくなりました。そのためにデザイナーを抱え、各校からの注文に応じて特殊な加工もします。某私立女子高校の冬物、夏物、コート、マフラー…、一式そろえると大体30万円かかるそうです。「高いですね」と言うと、「お父さんの仕事着のスーツは、汗で傷んだりして毎年のように買い替えていかないといけない。でも、学生服は、一度買うと大体3年間ずっと着られますよ。年数で割れば、そう高くはありません」ということでした。なるほどと思いながら、それにしても結構な値段だな思ったのです。その背景には、もちろん有名デザイナーのデザイン料も含まれるということもあります。

いろいろなデザインの制服があるといっても、あまり奇抜なものは作らないそうです。学校側から「こんなデザインで」という注文があり、会社側から再提案をすると、大体比較的落ち着いたものに決まるそうです。制服というのは、一度決めると1年やそこらでまた変えられるものではありません。イメージが長く続く、飽きがこないものにしないと、デザインをころころ変えないといけなくなります。そうすると学校のイメージにも影響が出るというので、デザイナーが校風を聞きながら落ち着いたデザインで仕上げると、大体、学校側の関係者にも納得していただけるという話でした。このあたりも、やはりそれぞれの市場に適応した企業戦略でしょう。

ただ、とにかく少子化で子どもの数が年々減り、どうしても市場が小さくなっています。児島での競争が激しく、これはなかなか避けられないということです。大手3社のうち、トンボと尾崎商事は岡山市内に本社を移しました。尾崎商事は岡山駅西口近くの再開発ビルに入っておりますし、トンボは厚生町、商工会議所の近くに本社を移しています。尾崎商事は、実は上海に大きな工場を構えています。既製の詰襟学生服とか規格が決まったものは、中国で生産するわけです。明石被服興業だけは児島から動かず、しかも国内生産で頑張るという方針だそうです。そのあたり、同じ児島の会社といいながら、生き残りをかけての戦略があるようです。

国産ジーンズ生産の拠点

ジーンズは、ゴールドラッシュのアメリカで生まれました。日本で国内生産が本格化するのは50年代の終わり、もしくは60年前後からです。今やごく身近な衣料になりました。岡山で国内生産のほぼ50％を占めています。主なメーカー「ＢＩＧ　ＪＯＨＮ」「ＪＯＨＮＢＵＬＬ」「ＢＯＢＳＯＮ」、先ほど申しましたように「ＥＤＷＩＮ」は東京ブランドですけれども、製造拠点は岡山にあります。

それともう一つ、ここでは井原が出てきます。井原市高屋地区、タカヤ商事がジーンズメーカーとして大きなポジションを占めています。井原は、もともと備中織物から始まった産地で、もちろん織るということも大事なのですが、やはり染めるほうにもともと力があったようです。藍染めというと徳島の伝統染めを我々は思い浮かべますが、井原あたりにも藍染め技術はかなり古くから伝わっています。藍染めに必要なものの一つは、水です。染色には大量の水を使い、水の質も問われるのです。井原は高梁川の支流である小田川の上流にあります。吉備高原の南の端、平野部に出たところが井原の町です。小田川が、ちょうど平野に出てくるあたりですから、伏流水、わき水がいい。これが染めの技術と結び付きました。「自分たちは染色技術には相当自信がある。日本でもトップクラスだという自負がある」と井原の関係者の方が言っておられました。

１９６０年代、井原は児島よりもはるかにジーンズ生産が多かったのですが、ブランド化に乗り遅れて児島に先を越されてしまいます。１９７０年代以降は業者数が減り、タカヤ商事をはじめ活躍している企業もありますが、生産規模は小さいようです。ジーンズは本来、男子用や女子用というのはありません。タカヤ商事はあえて「ＳＷＥＥＴ　ＣＡＭＥＬ」というブランド名で、婦人用のジーンズを中心に生産しています。

タカヤ商事は、量産品と高級品、注文品に分けて、国内生産と中国生産の両刀遣いをやっているようです。1万円を超えるものは国内で、4、5000円のぐらいまでのものは中国で作るのです。同じ生地で、縫製など基本的なところもほぼ同じ技術ですから、中国製が悪いということはありません。ただ、人件費の差がありますし、それと最後の加工です。「染め」「脱色」あるいは「表面の処理」、このあたりがやはり井原で蓄積した技術でやるのと、差が出てしまうそうです。だから、素人目ではほとんど分からないけれど、プロが見たらやはり違うということです。着具合、風合いの差があるそうです。

現在、本社は福山に移っております。「福山の本社で、本当に女性ブランドのジーンズをやれるのですか」と問うと、「アンテナショップと申しますか、情報収集源は東京、繊維流通関係の情報は大阪というふうに、東京、大阪に拠点を置かないと、なかなか難しいです」と言っておられました。先見の明があると申しますか、早くから東京、大阪に拠点を構えながら生産を続けています。生地になる、布の織りもやっているのですが、これはジーンズとは関係がないそうです。少し残念なのですが、井原なら井原の産地で作られた織物からジーンズができるかというと、そうはなっていないのです。糸も地元ではありません。「糸は日清紡とクラボウだ」と、はっきりと言われました。そうしないと品質を維持できない、いわゆるデニムの生地ですけれども、基本的に糸は大手の紡績メーカーから入れているそうです。できれば地元の素材まで広げて、地元でのネットワークを組んでいただけたらいいなという気はするのですが、そこは企業の経営戦略があるのでしょう。

写真は「タカヤ商事」の関連企業の「タカヤ繊維ファブリック事業部」の全景です（資料9）。井原線の高架橋ができて

資料9　タカヤ繊維(株)ファブリック事業部全景
（出典：タカヤグループ作成資料）

いるだけでレールがありません。少し古い写真です。高屋駅のすぐ脇にこのグループがあります。このタカヤグループでは「華鴒《はなとり》大塚美術館」を構えております。地域に文化的な貢献をされているわけです。こういう企業が核になって、地域を伸ばしていくというところにいけばいいのですが、先ほど言いましたように、物作りのネットワークを地元でという意味でいくと、まだ少し弱いところがあります。往々にして、企業は大きくなればなるほど全国、世界を視野に入れながら拠点を移していくというようなことになってしまいます。

おわりに──岡山の企業家精神──

最後に、企業家精神ということについてお話ししたいと思います。

一つは新規分野への参入です。新規分野へのチャレンジの精神が、当然のことながら必要になってきます。明治時代、借金をして、実は返済のめどがあるかどうかも分からないのに「十基紡」をやってみようという冒険心が、岡山の人々の中にあったのだと思います。

そして、商品へのこだわりです。特定の力を発揮できる商品を見いだし、そこから市場を開いていく。技術や継続も力です。継続の力というのは、一歩間違えると古い体質ということにつながりかねないのですが、しかし投げ出さずに継続させていくというあたりが、学生服などには受け継がれているように思います。

中小、中堅企業の得意分野というものもあります。汎用製品に手を出したら大きいほうが絶対勝つわけです。ニッチというのは、すき間とか、あるいは鳥が避難をする巣とか隠れ家という意味がありますけれども、大手がなかなか手を出せないニッチ市場、ここに活路を見いだしていく、あるいは思い切って新市場へ新製品を開発して切り込んでいく、これが中小、中堅企業の特性、利点です。組織が大きくなるほど行動が鈍くなります。下で思っていてもなかなか上に通じない、上から下りてくるのに時間がかかるということがあって、機敏な対応ができないわけですが、中小、中堅企業ですとトップダウンですっと新しい分野へ切り込んでいけます。そして技術力なり、顧客管理によって自分たちの市場をしっかりと囲い込み、新規参入を排除したことで、市場を守ってきました。学生服がまさにそのいい例です。

現在、裁断はほとんどコンピューター処理です。200～300着分ぐらいの布を重ねて裁断しますが、反物からどのパーツをどのように切り取っていくか、昔は職人の経験と勘だったものが、今はコンピューターで割り付けて一番端切れが小さくなるように、できるだけ無駄がでないように、あっという間に裁断ができるのです。そしてこれを縫製に回して、あっという間に形を作ってしまいます。縫製業というと針子さんがいて丹念にというイメージがありますが、どんどん機械化、コンピューター化が進んでいます。

このごろのように高校ごとにデザインが変わっていきますと、大量生産はできません。小さなメーカーは、ここで300、ここで500、それを積み上げていくしかないのです。昔の詰襟学生服でしたら、何万と積み上げて置いておけばよかった。ボタンさえ替えればよかったわけです。大量生産すれば済んでいたのが、今はそれができません。色も、紺色とか、様々です。生産単位がどんどん少なくなって、種類だけやたらと増えたのです。一見効率が悪いですが、逆にほかのメーカー、分野からはなかなか入って来られないという一種の強みがあります。このあたりが、学生服からさらには制服、ユニホームへと展開していくところになるわけです。

それともう一つ岡山を見ていて感じているのですが、明治の初期、あるいは戦後の混乱期というような、市場が急速に拡大し大きく変わっていく時期に、岡山の企業家たちは随分と活躍をしているのではないかと思います。「機を見るに敏」という言い方がありますが、岡山の人たちの商才と申しますか、それが発揮されているのではないかと感じます。安定期にはいると大企業が大量生産で作ってしまいますから、どんどん中央の大きな会社に抜かれていってしまいますが、変動とか、混乱の時期が来ると先を見通して「えいやっ！」とばかりに、新しいものや新しい技術を取り入れていく。そういう岡山の人々の長所が、中堅クラスの企業を見ていると、あるのではないかと思います。それが地域貢献のほうにも向かっていき、その意味では、大原孫三郎は非常に社会貢献が大きかったです。大原美術館、倉敷中央病院、生物資源研究所、大原社会問題研究所、物作りそのものから外れていても、非常に重要な社会貢献をするという、企業経営の感覚が岡山の企業には、あるいは経営者の中には、幾つか出てまいります。

これは製造業だけではありません。流通で見ても「天満屋」というのは、地方に拠点を置きながら、大手百貨店に系列化されずに頑張っている。産業分類では天満屋は小売業の分類に入るのですけれども、独自の経営戦略で中国あるいは四国地方で店舗展開し、成功しています。そういう意味で、かなりユニークな営業をするという素地がここにはあるような気がします。本来、大阪あたりの企業もそういう傾向が強かったのですが、大阪の企業はそれこそ大手になればなるほど拠点が東京に移ってしまいました。銀行にしても、三和にしても、大和、りそなにしても、大阪に本店がありながら事実上は東京が中心ですし、ナショナル（松下電器）にしても拠点は大阪といいながら、東京を抜きには語れないのです。

岡山の場合、地方としての岡山ということを念頭に置きながら、少し中央に対する反骨精神もあるでしょうか、いい意味で岡山らしさをこれからも出し続けていけば、岡山というところは面白いところだなと思うのです。これが企業経営だという、すばらしい面はあっちこっちで、繊維に限らず、挙げればいくらでも出てまいります。いい意味の企業戦略だと思います。日本のイノベーション、岡山のパイオニア、そのキーワードにふさわしい企業経営、児島、井原に代表されるような地場の経済活動が、繊維産業に限らずしっかりと脈々と受け継がれているのではないだろうかと、そのような気がいたしております。

※本書に掲載した地図は、国土地理院長の承認を得て、陸地測量部作成の2万分の1地形図、2万5千分の1地形図を複製したものである（承認番号　平19　中複　第110号）。

岡山の果樹

美作大学学長
目瀬守男

はじめに

三十数年前のことになるのですが、ぶどう経済のことで私は博士論文を書きました。今回は「岡山の果樹」ということで、それを思い起こしながら久しぶりに勉強をしてみました。あまり難しい話ではなく、できるだけ見て、楽しんでいただきたいと思います。ただ、ここに実物を持ってこられなかったのが残念ですが、それは、また召し上がっていただければと思います。

イノベーションの概念

イノベーションとはどういうことかといいますと、内外のいろいろな条件変化に対して、経営を技術的にも経営的にも変えていくということです。現代の激しい環境変化に対して私たちが適応していくように、条件変化に対する技術革新と同時に自分自身が変わっていくということです。明治の初めの内生条件の変化に対する技術革新では、例えば、人も教育を受けいろいろと蓄積したら、それによって経営も変わっていくというようないろいろな意味があります。

明治時代は、一つには生産技術が未発達でした。病虫害防除などいろいろなところで問題がたくさんおきていましたし、試験場もまだできていません。そういう中で新しい生産技術を開発した人がパイオニアであろうと思います。交通条件が未発達な時期もあり、岡山県では明治34（1901）年に山陽線神戸・下関間が全通したころから本格的な果樹生産が始まりました。交通条件の変化に伴って新しい需要がおき、新品種の改良もあります。

もう一つ、農業者は教育や技術水準などいろいろな面で低い時代でした。個人的な問題もありました。果物というのは富農的性格が強く、経済的に恵まれている人でなければ果樹栽培はできない、という点がありました。流通も未発達で、こういうものを打ち破っていった人たちが技術革新やパイオニアといわれるような人たちです。

岡山県「果樹」の展開過程と全国的位置

明治以降の展開過程の中ではどのようなことが重要かということを考えてみました。果物のライフサイクル（一生）を導入期、成長期、成熟期、飽和期の４つに区分しています。

資料をご覧ください。これは「ぶどう」です。ぶどうの導入期は明治元（１８６８）年ぐらいから大正４（１９１５）年くらいです。ようやく導入した時代ということでまだ多くありません。ももの導入期は明治元年から明治38（１９０５）年のころです。導入期の特徴としては、一般的に消費がまだまだ少なく、技術が未発達などいろいろなことがあります。供給も需要も非常に少ないです。

成長期では本格的に面積が増えてきたということを示しています。食生活の変化によって需要が急速に伸びています。供給の側から見れば、全国的に産地形成が進んできて、岡山県では、黒いぶどうのキャンベルが中心になっていました。

成熟期は昭和36（１９６１）年くらいから平成２（１９９０）年までです。それからあとが飽和段階ということで減ってきています。こういう状況が岡山県の果樹全体の大きな流れです。

次に「もも」について見てみます。データは、昭和16（１９４１）年までは本数でしか表示されていません。それを換算すると高い数字になっていますが、少しおかしいと思いますので皆さんのお手元には数字は出していません。大体１０００ヘクタールぐらいではなかったかと思います。その時に岡山県ではももの生産が多く「果樹王国」といわれていました。それからももは減ってきていますから、ぶどうよりも早く成長期を迎え、戦後成熟期を迎えて飽和期を迎えています。ももの全国一位は昭和30（１９５５）年ぐらいです。今は五位くらいになっています。

次に「ぶどう」、「もも」について、それぞれの特徴を少し見ていただきたいと思います。

導入期の特徴としては、最初に果樹を

	昭和16年	昭和45年	昭和52年
	町歩（ha）	ha	ha
みかん	136	810	645
なつみかん	7	18	19
りんご	72	2	0
ぶどう	388	2,170	2,070
日本なし	513	279	145
西洋なし	29	3	-
もも	1,093	1,460	943
うめ	124	204	182
びわ	54	54	33
かき	695	1,100	696
くり	9	2,240	1,650

資料１　岡山県の果樹栽培面積の推移
（岡山県農林統計年鑑より）

入れた時には、生産技術が未発達で、肥料、農薬の価格が高く、輸送機関も発達していません。農業者の消極的人生観や、資本力の弱さなど、生産する側、供給する側からの問題も多かった。需要のほうも所得の低さや、食習慣の違いなどがあります。昔は、ぶどうといっても「狐臭」があり、ぶどうはきつねのにおいがするなど。皆さんも経験があるかもしれませんが、私の祖母などは「トマトはいやだ」と言っていました。好き嫌いがありますが、外国の果物ですから、においが少し違うんでしょうね。食習慣の違いもあり需要も低いのが導入時期の特徴です。

成長期になると変わりました。本格的になりました。ぶどうは大正5年くらいから昭和35年が成長期で、生産も比較的順調で消費も伸びていきました。やはり、所得が増えていったことが原因だと思います。昔はそれほどには、果物は食べられませんでした。戦後は、比較的皆さん方も召し上がるようになりました。

成熟期というのは、戦後高度経済成長以降とみていいと思います。この時期になると、皆さん方は果物をよく召し上がるようになりました。産地間競争も激しくなります。一番に問題が起きたのはみかんで、過剰生産になりました。他の果物も過剰生産になってきます。そういう時期を成熟期といっております。需要する、召し上がるほうの皆さん方も高級品質、時期はずれぶどうというものを選ぶようになってきました。

次が飽和段階です。現代ということになります。今は、スーパーなどにいろいろな果物がありますが、皆さん方はその果物を見てどう判断されますか？　最近は商品にも限界が出てきて、あまり急速には増えないことが現代の状況ではないかと思っております。

明治以降における岡山県の果樹（ぶどう、もも）のパイオニア

パイオニアとはどういうものか、ということを見ていきたいと思います。イノベーションを起こした人がパイオニアです。誰がパイオニアか。いろいろな人物が出てきます。皆さん方もご存じの方がおられると思います。それぞれの果物の種類によってパイオニアは変わってまいります。

最初は、ぶどうについて見てみます。明治の末期では倉敷市の福田地区（水島）に全国一位の産地ができ

ました。カトーバという種類で「狐臭」がするといわれました。この産地は、大正初期にフィロキセラという病気で全滅しました。

大正、昭和初期に岡山市草ケ部《くさかべ》の光森正郎さん他16人でキャンベルを水田に栽培しました。旧2号線の草ケ部、古都のあたりに、すごい産地ができます。今あのあたりの山には竹が生えていますが、古都や宿《しゆく》のあたりはまだ果物が残っています。赤坂のほうから流れている川のずっと下流のほうですが、あのあたりの水田は水はけがよかったんだと思います。当時は岡山県のキャンベルの中心的な大産地でした。

戦後、船穂町（現倉敷市）に大産地ができます。船穂町北谷《きただに》はおそらくぶどう地帯で日本一、世界一の地域だろうと思います。この地区は、ぶどうの多品種栽培と5月の連休明けに出す温室ぶどうの早期出荷があります。

総社は、ネオ・マスカットの大産地です。組合長の糸島さんという人が一生懸命されました。

吉井町（現赤磐市）の是里《これさと》には、後ほどお話しします「是里ワイン」がありますが、ここは現在はピオーネです。こういう形で戦後の岡山県のぶどう地帯は変化をしてきました。

それでは温室ぶどうはどうなったかと言いますと、明治19（1886）年に山内善男という人が岡山市栢谷《かいだに》にマスカットを植えました。その後、この人を中心に、大正4年に「祖山会」という生産と流通の独占的組織を作りました。農業でこういう独占的組織を作るところはめったにないことです。そのくらい難しかったのだろうと思います。同志と一緒に技術を開発して、それを門外不出にして、ずっと増やしていきました。それは昭和の初めまで続きます。しかし、いつの間にか苗はあちらこちらに渡っていきました。すごいぶどうの苗ですので、「ちょっと」という調子で皆さんは分けていかれたのだと思います。

そのころ岡山市富吉地区に入江静加さんという方がおられました。この入江静加さんが外国から帰国して、昭和3（1928）年に温室ぶどうを始めました。船穂町でも昭和30年頃から温室ぶどうは次々と展開していきます。これが大きな移り変わりを示しています。

ももについては、明治末期から岡山県が果樹王国といわれ、それを支えた方は民間では小山益太、試験研究機関では、石川禎治この二人のコンビでそれに加えて大久保重五郎がいます。こういう民間人と試験研究者が初めて加わってそれで果樹王国を築いていったということになります。

後ほど、小山益太についてまたお話をしますが、山田方谷、三島中州の薫陶をうけ、年代的にも一番、三島中州の影響を受けたのだと思います。次にそれを支えたのはやはり人だということが分かります。全国一の果樹王国をこの人たちが作っていくわけですから、いかに人が重要であるかということです。試験研究機関と同時に山田方谷、三島中州の影響を受けた民間の人たちが明治の初めに地域産業の創出を支えていたということです。私の曽祖父の目瀬源治郎も方谷の門下で、国盛銅山(津山)、柵原鉱山の創出に係わってきました。

パイオニアの特性とそれを支えた群像

① 露地ぶどう

新潟県で川上善兵衛が明治末アメリカからキャンベルを導入し栽培していました。私は最近そこへ行って来ましたが、地形が草ケ部あたりとよく似ています。明治44年、岡山で光森正郎さんがキャンベルを植えました。その時の収入は反当千二百貫、5トン（1貫は3.75キロ）です。キャンベルという黒ぶどうが5トンできていたんです。なんと米100俵分の収入です。1反で100俵分です。米なら一生懸命やっても1反で普通7、8俵でしょう。それが10倍も15倍も収入がありました。お金が入って困るぐらい入ったのではないかと思います。それで一気にあのあたりの丘陵地を耕し、旧国道2号沿線の上道《じょうどう》から古都《こず》にかけて、ほとんどぶどう園になりました。戦前に、岡山県の中心産地がそこでできたわけです。

それだけの勢いや収入があれば、皆さんは一生懸命植えます。雇用労働も入れました。その大部分は四国の徳島などからの出稼ぎ、季節雇いで、戦後もこれでいきました。岡山県へ山陽線沿線側から入ると「家並みがいい」と昔はよくいわれていました。そのよさというのは主にこのぶどうとイ草の収入です。

しかし、1品種の経営は戦後問題になりました。雇用労働力が得られなくなり、一軒の農家で経営をするのは限界がある、「適正規模があるのではないか」と私は論文の中で申し上げたことがあります。大規模経営が必ずしも有利ではないと申し上げました。

そのころ産地形成を指導された大崎守先生は立派な方ですが、大規模経営に関しては私と意見が違いました。私も30代の半ばでしたから、若気の至りで「品種を組み合わせて方向転換すべきだ」と、そういうことを岡山の果樹誌に書いたことがあります。品種を崩してはいけないということは分かります。しかし、大規模経営では収入がだんだん減ってくるというそこに一つ課題があったと思います。適正規模があるのではないかと私は申し上げました。意見の食い違いが出てくるわけです。

大産地を作っていった人たちは素晴らしい人たちだったと思います。広田盛正さんはネオ・マスカットを作りました。この方は次々に新品種を育成されました。ネオ・マスカットは総社で本格的な産地形成がされ、日本で一番大きな産地ができたということです。先日、私はそちらに行きました。かなりまだハウスで栽培されています。総社の秦《はた》というところで、ここは共同利用組織で発達したところで農業組織がありました。日本でも一番組織が充実しているところでした。共同選果、研究開発、検見、検査員を限定して共同で日本一の産地を作りました。私を通じて全国から視察が来たのですが、他の地区の農家の人はこの秦にひかれて一生懸命納得いくまで眺めて、木を見て聞いて、それを通じて新しい自分の産地に生かそうとされたのだと思います。「ああ、農家の方はこういう形で技術を修得しておられるのかな」ということを感じました。

これが草ケ部《くさかべ》にあります広田盛正さんの記念碑です。これがぶどうが作られた元の品種です。ネオ・マスカットはまだそこで生き生きとして展開しています。

皆さん、赤磐郡吉井町をご存じだと思います。今は赤磐市ですが、そこに「ドイツの森」があります。ドイツの森にワイナリーがあります。「是里ワイナリー」です。これは私もいろいろと思い

資料2　広田翁顕彰碑

出が多いのです。

是里《これさと》にはキャンベルの大産地があったのですが、だんだんと衰退して少なくなってきました。構造改善事業でぶどうを作ったところですが、そこがかなり荒れてきて、そこを何とか復活できないかということで私が現地指導に行きました。その時に「ワインを作ってはどうか」と提言しました。昭和60（1985）年のことです。実はワインは私が一番作りたかったものです。もし私が大学の職業に就かなかったら何をしていたかというと、ワイン作りをしていたと思います。

その当時、自治体でワインを作ってはいけないということでした。北海道十勝ワイン、神戸ワインというのはご存じだと思います。国は民間を圧迫するので自治体ワインを制限していました。そこで、私は「これは農家のワインだ、自治体が作るのではない」と打って出ました。幸い、瀬戸税務署が許可してくれました。あの時はうれしかったです。それでワイン作りをしました。その時のワインの指導は試験場の繁田さんという岡大農学部の二期生の方が協力してくださいました。その後、「ドイツの森」を作る時に是里ワインを入れるか入れないかということが問題になったのですが、私はそこに行って「先の発展を考えるべきだ」ということでここへの移転を勧めました。しかし、経営がいつまで続くか分からないので、自由に建物に入れるようにしてもらいました。そして、県と町の補助でワイナリーの建物だけができて、そこに入りました。

最近は買いに行っていませんが、ありがたいことに、できたぶどう酒は2割安く分けてくださることになっています。最初はうれしかったんです。ただ、地方などに送るとあまりほめられない場合がありました。「ジュースとワインを混ぜたようなもんじゃないか」と言われました。それで、「本物のワインではなくてジュースとワインを混ぜたようなものだ」と先に言いました。「それにしちゃ、うまいな」ということで皆さんが飲んでくださったことを覚えています。しかし最近はよくなりました。そういう思い出のワイナリーです。この前、写真を撮りに行きました。運転していましたから飲めませんでしたけれども、かなりの人が行っていました。

この人をご存じの方がいらっしゃると思いますが、

花澤茂さんです。花澤さんは私の同級生です。彼は岡大の園芸学科を出て高校の先生をしていましたが、早くに退職されて最近は新しい研究所を設けられました。「瀬戸ジャイアンツ」などいろいろなすごい品種を次々と開発されています。今、瀬戸ジャイアンツはマスカットの次代を走っているといわれています。

この間、船穂町（現倉敷市）に行きました。船穂町の青年たちはだんだんとこれを取り入れつつあるということです。今全県で40ヘクタールですから作りやすいと思います。難しいマスカットを作る人がだんだんと減っています。マスカットは皮をむいて食べることも若い人にはあまりよくないんじゃないかと思います。瀬戸ジャイアンツは皮から食べられることで作りやすさもあるんでしょう。そのあたりから変わってくるのではないか、将来こういう人たちが新しいパイオニアとして出て来るのではないかなと思います。

今までのいろいろな指導者の方を見ていきますと、跡継ぎをあまり作っておられない。これはやはり問題だろうと思います。しかし、花澤さんは跡継ぎをちゃんと作っています。近代的といえば近代的です。戦前のパイオニアは後継ぎを作らない、最近は後の方々が残って維持していく、これはいいことだと思っています。

これは最近岡山県で非常に増えているピオーネです。県がかなり推進したプログラムです。井川秀雄さんという方が、「カノンホール・マスカット」と「巨峰」を掛けているのです。その育種によって「ピオーネ」ができる。育種もいろいろやって、いいのができると楽しいですが、できなければこれは苦痛だろうと思います。今、岡山県で1000ヘクタールぐらいまでにしようという動きがあるようです。これはだんだん県中北部に増えています。津山のほうにも増えつつあります。このぶどうは、どちらかというと、寒いほうがいいということです。これが最近の大きな動きです。

② 温室ぶどう

この人は森芳滋（1832~1897）さんという方です。この方が地域のリーダーで、庄屋さんと言えば一番分かりやすいでしょうか。この人を中心にグループができ、役割分担をきちんとしておられたようでした。山内善男（1844~1920）さん、この人が栽培担当です。旧士族で、なかなか風格があります。それから、大森熊太郎（1851~1902）さん、影山さん。この人たちが、岡山県の温室ぶどうの最初の技術開発をしていった、真のパイオニアといえるでしょう。一人ではなかなかできません。やはりグループが必要だということです。大森さんは研究熱心な方でしたが、残念ながら若くして亡くなられました。最後まで頑張られたのは山内善男さんで、大正の終わりぐらいまで頑張られたということです。

森芳滋（山陽新聞社提供）　山内善男（山陽新聞社提供）　大森熊太郎（山陽新聞社提供）

資料３

岡山県の温室ぶどうは、明治19（1886）年に初めて入って、明治30年代に栽培と販売が可能になりました。この頃、京阪神に鉄道が通じます。そして栽培の見通しができて、大正４（1915）年に「祖山会」という強固な独占組織をつくりました。苗木は門外不出ですから、徹底していたのです。しかし、これは昭和８（1933）年には解散します。祖山会の栽培面積は、大正８（1919）年に725坪、大正14（1925）年には3568坪ということで、この頃には面積が大きく増えています。

皆さんは、見られたことがあるでしょうか、岡山市津高の小学校の近く、「原始温室」というのがあります。先日、その写真を撮ってきました。

今、温室ぶどうを栽培しているのは、大部分岡山県だけです。よそではあまり作られていません。ここが面白いところです。岡山県南の温度や日照が適していたのです。ほかの地域で作れば、それほどいいものはできない。瀬戸内海の地形とか自然条件を見ていただきますと、中国山地、九州、四国山地、紀伊半島、この中が一つの盆地のようになっています。この中で一番日照時間の長い、一番雨量が少ないのはどこか。大体8月の日照時間を調べていただければ分かります。倉敷から笠岡の間です。だから、ここに「白桃」というのができます。笠岡から船穂、玉島、あのあたりの山にずっとあります。他のどこの地区で作っても、これだけ白桃の甘いものはできません。そしてそこに温室ぶどうでは日本で一番早い船穂町の「5月の上旬取り」ができるわけです。こういう自然条件というのは、なかなか他にはありません。

これは入江静加（1903~1975）さんの写真です。入江静加さんは、マスカットの神様のような人で、第二次世界大戦後の岡山県の温室ぶどうの本当のリーダーです。会長です。入江さんの家は今も昔も変わりません。家には性格が表れるのでしょうね、きちっとしています。入江さんは、若い時にアメリカに渡り、りんごの農家で働きました。そこで外国の大規模経営を見て、ある程度できると感じたのでしょう。日本に帰国後、昭和3（1928）年に温室ぶどうを始めます。入江さんは、ハウスを加温しませんでした。火を入れない冷室栽培です。これがその地域のハウスです。この富吉というところは、空港線のあたりにあります。

これが温室ぶどうが増えていく状況です。最近はあまり増えていないです。先ほど申し上げたように、「瀬戸ジャイアンツ」とか「ピオーネ」とか、いろいろといいぶどうが次々とできておりますので、マスカットは頭打ちです。それでも増えていっておるということです。

次に、船穂町の石井ゆたかさんです。昭和36~37年ごろ、私は初めてここに調査に入りました。私にとっては懐かしい人たちです。私がまずびっくりしたのは、皆さんの所得が高いことでした。昭和30年代、大学の先生の所得が年間70~80万円ぐらいだったでしょうか。ここの農家の人は、何百万円の所得を上げていましたから、温室ぶどうって本当にもうかるものだなと思ったのです。そのときに皆さん方は、一生懸命もうけられたのです。

石井ゆたかさんというのはリーダーで、実直な人でした。私が一番尊敬した人です。ここではハウスを加温していました。ボイラーをたいて、中を温めるのです。ボイラーは夜通したきますが、石井さんは夜中温室の中に寝ておられました。ランニングシャツ一つでころんで寝るのです。温室の中が冷えてくると寒くなって目が覚めますね。そうすると、おもむろに石炭をたく。そんな方法でやられていて、単調な仕事ですが、それは大変な苦労をされているのです。実際に私は見させていただき、本当によく働く方だと思いました。今これだけ働く人はいないと思います。だから、たくさん所得を上げられたのではないかと思います。

私は、研究室の学生をみんな連れて、泊まり込みで調査をしました。その中に新しい経営としての面白みがあったのです。まず、上手に労働を配分していました。同じ時期に古都とか「キャンベル」一品種のところでは収入が低く労働配分ができていないのに、ここでは労働配分ができて、収入が高いのです。感心しました。後ろの人は柴田享一さんです。柴田さんは、さきほどの人たちが作ったぶどうを上手に売った人で、いわば「流通革新」のパイオニアです。作るのが上手な人と売るのが上手な人。作るだけでは、産地は形成できません。両者が必要です。この間久しぶりに行ってみたら、みんな立派な家を建てておられました。いい農家がしっかり働かれると、いい産地ができていくのです。

これは「朝日農業賞」をもらったときで、ここに柴田さんがおられます。船穂町というのは農業開発をやられて、非常に所得水準が高いところです。あそこで耐え抜いて、生き延びているという農家の水準は、今でも全国トップです。こういう本当に山あいにあるのです。ものすごい収益性を維持しているということだと思います。後継者もおります。

私は、昭和40年代初めに山梨県に呼ばれて講演をしましたが、千数百人も聴衆が集まりました。岡山のやり方が、それだけ先駆的だったのだろうと思います。そのとき講演したのは、農林省園芸課長、京大の教授、私と3人でした。私は「施設ぶどう」というのを推奨したのです。農林省は、施設ぶどうは邪道だと言われました。農家の方は、にやにやしながら皆聞いているのです、どちらがいいかなと。私は、データを示しながら、こういう事実がありますよという形で話しました。京大の技術の先生は、作り方というのはあまり細かく言わず、どちらにも旗を上げず、あと農家の皆さん方に、こういうときにはこう作る、こういうときにはこう作るというのを言っておられました。しかしその後、山梨県は、岡山のぶどう地帯、船穂町か総社の秦地区か、その似たような方向にほとんど走っていきました。それで金もうけをしたのです。中にぶどう酒をつくっている。観光ぶどう園です。そうしなければ、やはりもうからなかったと思います。

戦後のぶどうの技術開発というのは、私が長くいた岡大の農学部で、果樹園芸学の本多昇教授、島村和男教授、現在は岡本五郎教授が指導をしています。科学的に研究して技術を支えている人たちです。試験場は園芸部がもちろん支えています。その他、岡山県の農業改良普及所の専門技術員等、大勢の人たちが技術を支えています。いろいろな方々が現在もおられますが、ただ、本当のパイオニアとしてそれを最初にやっていったということで、やはり目につくのは明治、大正、昭和初期に一生懸命頑張った人たちでしょう。

③ もも

さて、ももです。小山益太（1861～1924年）さんは庄屋・里正です。だいたい明治以降、庄屋さんのことを里正《りせい》といいます。人間として大変立派な方でした。三島中州のお弟子さんです。昨日、別のところで一杯やっていたのですが、その人の親せきだった人がおられました。津山のほうに中洲の親せきがあったと思います。さて、小山さんにも大勢のお弟子さんがいて、千何百人いたといわれています。鳥取の二十世紀を一生懸命やった人たちも、この人のところへ中国山地を越えて学びに来ているし、この人もやはり現地に指導に行っています。ところで、三島中州というのは、倉敷市中島の出身で、陽明学を学んで、二松学舎（現二松学舎大学）を創立しました。昔は塾といわれていましたが、今は大学になっています。陽明学というのは、「実用を重んじ、国を治め、民を助けること」を理念にしています。自分だけはというような現代の風潮から見ると、小山益太は立派な方です。あまり派手な生活をしていません。お金はそんなにたくさんなくていいと。例えば

資料4　小山益太
（山陽新聞社提供）

「梅の一株の生産を1日の資に充て、家族ともに従事し」、そういう中で生活すれば「至上の喜びである」という、素晴らしい考え方を持っておられたのです。「中庸の精神、実を重んじ、国を治め、民を助けること」です。

大久保重五郎（1867～1941）、先ほども出てきました。この人の影響力はすごいなと思います。白桃系はほとんどこの人が手掛けています。地域の名前をとった「清水白桃」は、それぞれ別の人が開発しているのですけれども、元を大久保重五郎がつくりました。一時期「大久保」という品種は、日本中の全部の品種の3分の1ぐらいになっていました。それが最近はほとんどなくなってきました。ももで今残っているのは白桃系です。あとの7月、8月までは外国の果樹がすごく出てきます。だからももは後ろへ後ろへ延びていくのです。8月の桃が、今かろうじて白桃系の遅い分なのです。今生産されているということですが、全国的にかなり面積が減ってきています。

資料5　大久保重五郎
（山陽新聞社提供）

これは、「清水白桃」です。空港に行く道のところに、清水というところがありますね。この清水の西岡氏が開発しました。親族の西岡さんから、毎年木になったのを自動車の後ろのトランクいっぱいもらって帰ります。よく熟れたものです。よく熟れていますから、出荷はできませんが、その代わりものすごくおいしいです。亡くなられましたが、岡大の前の学長、谷口澄夫先生が「おい、目瀬君。うまい桃を食べさせてくれないか」「木になって、今にも落ちそうなのがいいんだ」とおっしゃって、よく私はここでもらって持って行ったものです。確かに熟れたももはおいしいです。

これが、石川禎治（1879～1955）さんです。鋳方末彦さんは、岡山の農業試験場長をしていらっしゃいました、病虫害の専門家です。

明治時代には県内各地に大規模な果樹経営が出現しています。渡辺純一郎さんは笠岡、他にも勝田郡湯郷村、熊山、小田郡新山などです。これは、昔の庄屋さんの系統で、地主さんでしょう。そういう人が果樹に従事されました。果樹は「富農的性格が強い」といわれています。

④ その他の果樹

「日本原りんご」というのをご存じの方はいらっしゃいますか。私は、実は「青りんご」に関係があるのです。明治42（1909）年、竹内睦男さんが日本原にりんごを栽培されました。私の祖父は目瀬吉次（旧姓広戸）といいます。旧広戸村の市場から養子に来ており、竹内さんとは関係があります。竹内さんがりんごをやったから、私の祖父も昭和2年に1ヘクタールの果樹園を開くのです。おやじ（恒）は中銀に勤めながら、日本原りんごを作っていました。私はよく覚えています。戦時中から終戦後、りんごが売れた、売れた。買う人がわが家に列を作ったというとおおげさかもしれませんが、おふくろが「一生のうちに、こんなにお金がもうかったのは初めてだ」と言っていました。

佐伯町にファミリーパーク、観光リンゴ園があるのをご存じですか。またここに、私が出てきます。1977年か1978年に、1.4ヘクタールぐらいの観光リンゴ園を作ったのです。今は大体10ヘクタールぐらいで、佐伯ファミリーパークが「三保高原スポーツ&リゾート」になっています。ここへ最初に入れるときにいろいろ課題がありました。9ヘクタールのタバコの跡地があるから、ここを何とか開発しようということで、私は「りんごだ」と言ったのです。そうしたら、岡山県の農業関係者は皆反対です。私の岡大の農学部の卒業生は「先生、やっちゅうもないことを指導して」と言うのです。「やっちゅうもないこと」、分かりますか、「しょうもないこと」です。そうしたら、私のおやじが「誰も指導しないなら、僕が指導に行ってやろう」と。戦後、「銀行へ行っていたら、4人の子どもの大学教育ができないから」と言って、銀行を辞めて一生懸命りんごを作っていたのです。

佐伯ファミリーパークのりんごは、植えて3年後にちゃんとできました。そして、数千人の人が観光リンゴ園に来ました、覚えていらっしゃる方がおられるかもしれません。そのとき、あそこの高原でテレビ局の人たちが私にマイクを持ってきました。それで町長さんに「これがもし失敗したら誰の責任だと思いますか」と。皆さん、失敗すると思っていたのでしょうね。失敗する、失敗すると言われていたのですが、幸島前町長さんは私に花を持たせてくれたのです。「それは失敗したら、先生の責任だ」と。しかし、失敗どころか、数千人の人が山の上に上がったのですから。あれから、もう30年たちます。ただ、相当苦労はしています。そう簡単にはなりません。地域が果物を作っていくというときに、新しい魅力はあるのだけれども、そこに失敗もあるし、ドラマもあります。

イノベーション―今後の課題―

最近、岡山では「くだもの王国推進隊」というのを作って、「くだもの王国・岡山」の地位確立を目指しています。そういう意味で、今回のこういう催しは、大変いい催しであったと思います。イノベーションというのは、結局は外部条件の変化、生活者ニーズに対応して、「流通の革新」とか「情報の革新」とか、そういう革新を図ることなのです。我々の大学を巡る大きな情勢変化に対しても似たようなことがございます。我々は変化に適応していかなければならないのです。そういう技術革新、情報革新を内部化して「経営の革新」に持っていくということだろうと思います。果樹経営にも「組織を通じて革新していく」ということが要るでしょう。組織化です。産地の組織化を通じてやらなければいけない、経営を変えていかなければならない。一つ加えるとすれば、「企業家精神」というものでしょう。

明治以降の群像、パイオニアたちを見てみますと、一言でいえば「性根が入っている」ということだと思います。「筋が通っている」ということでしょう。立派な人がいるんだなと、学びたいなと思います。若い学生諸君に、こういうことを教えてやればいいのではないかという感じがします。同じことが、自分の子どもはもう大きくなりすぎていますから、孫は今高校生、中学生くらいですけど、こういう者にもこういう基本的なことを教えてやればいいのではないかという感じです。

今回こういう機会を持たせていただき、現地にも久しぶりに行かせていただきました。ありがとうございました。

主な参考文献

『続　岡山の果樹園芸史』（三宅忠一編、岡山県経済連）
『わが岡山のマスカット—風土・人・技術』（岡本五郎著、月刊『果樹』収録）
『岡山くだもの紀行』（山陽新聞社編）
『ぶどう作の経営と経済』（目瀬守男著、明文書房）

岡山の米と酒

利守酒造（株）社長
利守忠義

はじめに

皆さんこんにちは。利守酒造の利守でございます。私は、このような明るい時にお話をする機会があまりありません。だいたい夕暮れ時から、いろいろなお酒を飲みつつ酒談義が盛り上がってくるのですが、今日は大学という非常にアカデミックな場所ですので、「岡山の米と酒」という演題で内容を大きく三つに絞りました。岡山の酒蔵の現状とメーカーの変遷や全国の酒蔵の変遷について話をし、本題である岡山の米と、お酒にとってはお米と同じように非常に重要な部分である水の話、宣伝めいたことになりますけれど、当社が今取り組んでいる状況等についてお話ができればと思います。

私は、昭和15年10月の生まれでございます。岡山大学では、偶然にも先ほど講演をされた目瀬さんが助手で、福田助教授、永友教授がいらっしゃいました。その当時の岡山県は、ビート（てんさい）に取り組んでいて、結局これはうまくいかなかったのです。当時、農林部長をされていた荒木さんという方だったと思いますが、その方が横浜精糖を誘致して、ビートを全県下で栽培しようとしていました。このことについて卒論を書いた記憶があります。

岡山大学を卒業する一年くらい前に、その当時は津倉町にあった今の工業技術センターへ出入りをして、一年間、大学と工業技術センターで酒造りのいろはを教えていただきました。今は亡き小出巌先生や、現在もいらっしゃる富部先生、姫野先生等に、酒造りの基礎の基礎を教えていただいたのですが、「うちに一年いても酒造りは分からんぞ。学校に行け」と言われて、次の年から二年間、東京農業大学に行きました。そこで、醸造学というか発酵学というものを勉強して帰りました。その時に、大学から「実体験をしてこい」ということで、冬場になりますと、信州と茨城県の酒屋に40日間くらい実体験に行かされました。当時、酒造りの世界は縦社会で、我々学生は本当に端の端でした。食事も末席で最後にはしをつける、長野にいた時などは、お風呂は十何人が入った最後の最後ですから、お湯はすねぼんさんの下くらいまでしかありません。寒いですが、つかるどころではないですね。水を浴びて帰るような苦しみをしたことがあります。このようにして、酒造りのいろはを徹底的に仕込まれて帰ってきたのです。

その当時、私の所も本当に小さな酒屋で、俗に「未納税」という、造っては灘へ出すという状況の酒屋でした。これは全国的にどこもそういう流れが一つあったのですが、特に岡山県の場合は、広島と兵庫県の間に挟まれている関係で、その当時は、採算からいうと自分の所の自社ブランドで売るよりも、むしろ造った物を未納税で売ったほうがいいという状況だったと思うのです。税務上の規制があって、勝手に造ることができませんでしたから、大半の業者の方々がそのようなことをしていたのではないかと思います。地酒というものは風土の産物ですし、地元の米と水を使い自社の技を醸してこそ、はじめて地酒と呼ばれると私は認識しております。それと、その当時のことですから私も非常に燃えておりまして、普通の酒を造っても大手にかなうわけはないので、人々にドラマと感動を与えるような酒造りをしたいと考えておりました。今でも、座右の銘である「酒を愛して天に恥じず」を常に心に秘めて、毎日の行動をしている状況でございます。

岡山県の酒蔵と製造数量の変遷

皆様方、現在岡山県に清酒メーカーが何社ぐらいあると思われますか。現在の税務行政上の免許数は59社、ただしこのうち稼働しているのは28社か29社くらいです。では、あとはどうしているのかということですが、昔は小さい蔵が大きい蔵にお酒を造って売っていました。それが今は逆で、小さい蔵が大きい蔵から買って自分のブランドのラベルを貼って売ります。だから、半分の皆さん方は、大手メーカーに近い所からお酒を買って自社ブランドで売っている状況だと思います。

この数について、明治、大正、昭和と振り返ってみたいと思います。今現在、岡山県は59社ですが、例えば明治15（1882）年には855社ありました。その当時、全国には1万4731社の酒屋があったのです。それが今現在、1万500社を切っているのではないかという状況です。これはどういうことかというと、明治時代は今と酒税法が違いまして、昔は「造石税」といって造った全部に対して税金を払っていたのですが、現在は「蔵出税」ということで、課税移出といって売れた分に対しての税金を払うという仕組みになっています。昔は造石税ですから、造ってしまえばいや応無しに税金を払っていたので、酒屋さんにとっては非常に大きな負担になっていました。それともう一つは、お酒が腐る「火落菌」です。その当時は、皆さん方のご近所にもたくさんの酒屋さんがあったと思います。今の後継者不足というよりも、お酒が腐ってやめた所が大半ではないかと思います。このように、数がどんどん減ってきたというのが現状です。

では、今までにお酒が一番たくさん造られたのは何年ごろか、岡山県では昭和48（1973）年です。当時、岡山県の酒屋の数は149社あり、この年が最高の製造数量です。ちょうど第二次の田中内閣の末期ですが、この48年を境に、どんどん落ちてきたのです。

今現在、岡山県内で岡山の酒が飲まれているシェアは、29・8パーセントくらいです。ということは、10本のうち7本は県外酒を飲んでいるのが現状です。これは、岡山の県民性よるところも確かにあると思います。最近はぐっと落ちて違ってきていますが、広島は県産酒が非常に強く、98％くらいでした。これは東北に行っても強く、東北6県ではだいたいそれくらいのシェアです。彼らは米の産業を非常に大事にします。県民性だけでは済まされないかもしれませんが、岡山の場合は酒に限らず、ほかに製造している物もなかなか県民に認めてもらえません。皆様の足元では、本当においしいいい物をたくさん生産しているのですけれど、なかなか買っていただけないのです。

我々も、北海道から沖縄まで全国のいろいろな所に販売に出て行きます。岡山出身の人にお会いすると、「私も岡山よ」「高梁出身だ」など、いろいろなことを言われます。買って欲しいと思うのですが、「帰ればいつでも買えるわね」と済まされるのです。お隣が東北の山形の酒屋さんだとすると、「おお、山形の酒か。わしの郷里の酒じゃのう。そんなら安いのでいいから一本買って行こうか」と買って行かれます。岡山県の人はある面では非常に薄情ですね。それに、岡山の場合は比較的外に出ている人が少ないのです。例えば、昨年台湾の台北市内の日航ホテルで、「日本酒を楽しむ会」を開きました。岡山県の人がたくさん来てくれるように、ジェトロ（日本貿易振興機構）を通じるなどしていろいろ集めたのですが、岡山県の人は少ないですね。四国や東京の方などが多くて、彼らがお見えになると、やはり自分の出身県の所に行って親しげに話をなさいます。そういう点では、私たちはずっと非常に寂しい思いをしています。だから、もう少し温かい目で見ていただければと思います。

酒屋の数はどんどん減っています。では、今全国でどこの県が一番多いのかといいますと、兵庫県がいまだに一番多いです。兵庫、長野、新潟、鹿児島、山梨、福島の順で、岡山県は10番目ぐらいになります。それでも中国5県だけを見ると、今は数の上では広島よりも多いかもしれません。そのような変遷をしてきております。

明治時代に855社もあったというのは、私にとっても驚きでしたが、当然、その当時は木桶でした。ホーロータンクができたのは大正12（1923）年です。その前が木桶で、その前が焼き物の陶器という変遷をしてきています。そもそも、お酒が大量にできるようになったもとは、水車から横式の精米機になったことです。それまでは全部水車で、今の三連、四連、五連のような水車が灘あたりでもみんな回っていたのです。この水車が明治36年から横式の精米機に変わりました。今の家庭の普通の精米機は横式ですが、横式は米がねじれるので破損して砕米になります。それから二年くらい後の昭和の初めに、上に玄米を上げて下に落としていく方式の縦型精米機になり、大量にお米が精米できるようになりました。それと同時にホーロータンクになり、どんどん生産量が増えてきたという状況です。

「水の国」岡山

お隣の四国では水不足で大変なのですが、岡山県の地図を頭に描いてみると分かるように、ありがたいことに岡山県は、東から吉井川、旭川、高梁川という三大河川が源流から支流に流れています。日本全国にこのような県が他にあるでしょうか。高梁川の一部が少し福山に入っていることに目をつぶっていただくと、源流から支流までだいたい同一県内を通っているというのは、岡山県が唯一であろうと思います。岡山は「晴れの国」といわれていますが、むしろ私は「水の国」

といっても過言ではないと思っています。今日岡山県が水不足にならないのも、この三大河川のおかげではないだろうかと思います。

私たちの蔵も、吉井川と旭川の支流が入り乱れている砂川流域で、その伏流水を使っています。岡山県の場合、北部を除いてだいたい県内全般が軟水ですので、軟水の仕込みの形式でやっています。よく昔から比較していわれる「灘の宮水」は、一般的には硬水といわれています。これは、どちらがいいというものではなく両方いいのです。軟水は軟水の造り方があるし、硬水は硬水の造り方があります。ただ、硬水にはカルシウム、マグネシウムが多いというだけです。水を飲んでいただけると分かりやすいのですが、軟水の場合は非常に穏やかなというか、まろやかなというか、肌触りがいいのです。岡山県の場合は南部を含めて全般に軟水仕込みをしています。これは、広島も含めて山口まで瀬戸内全般にいえるかもしれませんけれど、軟水仕込みが一般的ではないかと思います。

学者さんの試算では、1キロの米を作るのに、だいたい7.7トンの水が必要だといわれています。日本人は、皆さん方が一日に何の気無しに使っている水の量がだいたい一人3トンです。私はそんなに使っていないと言われるかもしれませんけれど、平均するとそれくらいになるようです。だから、水は非常に大切な物で、今、汚染されないようにもっともっと大事に扱っていかなければならないと思っています。

岡山県には名水が三つあります。ご存じのように、「塩釜の冷泉」と「岩井」と岡山市内の「雄町の冷泉」です。環境庁に指定される前までは、当社もトラックにタンクを積んで、雄町の冷泉まで水をもらいに行っていました。現在のように立派に整備されていない時で、今井さんというお宅のまん前でした。そこからホースを引っ張って水を取っていたのですが、名水百選に指定されると同時に、皆さんがどっと押し掛けられました。取れなくなると同時に、少しほかの物の分析結果が出るようになり、現在は当社も雄町の冷泉の水を引き取りには行っておりません。あの当時、社《やしろ》のような物をつくる時に、寄付させていただいた記憶がございます。岡山県に三つもの名水百選があるということは、本当にありがたいことだと思っています。

岡山県産「雄町」の現状

岡山県は昔から米の産地で、昭和40年代は今の新潟など問題ではなく、岡山県、兵庫県、滋賀県が三大産地といわれていました。現在は違って、新潟、山形、宮城の三つに取って代わられてしまいました。岡山の米は非常に良いのにどうして生産量が減ったのか、よく考えてみると分かるような気がするのです。新潟県といえば「コシヒカリ」などがすぐ浮かびます。岡山の場合、その当時は「朝日」、「あけぼの」、「中生《なかて》新千《しんせん》本《ぼん》」、「吉備よし」などです。我々が酒造米で使うのは、「朝日」、「あけぼの」がだいたい主体で、その中に「雄町」がちらほらとありました。

現在、日本には２００種類くらいの米がありますが、岡山の酒造好適米に絞ると28種類くらいです。その中で、１４５年から１５０年の伝統を誇っている日本で唯一の米というと、やはり「雄町」以外にありません。どうしてそれほど有名なのかというと、「雄町」という米は現在のいろいろな米の原点になっているのです。いい例では、兵庫県の「山田錦」は「雄町」が父親で「山田穂」が母親です。米の系図を調べていただくと、どこかの段階で「雄町」がかかわってきているのです。「五百万石」にしても、「兵庫北錦」にしても、「たかね錦」にしても、酒造好適米の大半は、何代か前をたどると必ず「雄町」が出てきます。それほど有名な米なのですけれど、「雄町米」の生産数量は、今岡山県ではだいたい２万５０００俵弱くらいでしょうか。一時期３万俵くらいといっていましたが、「山田錦」が30万俵くらいですから、ちょうど１桁違う数になります。

では、今の県内30社足らずの酒屋さんが、「雄町」をどれだけ使っているかというと、わずかしか使っていないのです。岡山県産「雄町」の生産数量全体の27%くらいしか、岡山のメーカーは使っていません。なぜ使っていないかというと、まず一番に値段が非常に高いです。皆さんが食べている飯米は、今は60キロの玄米でだいたい１万５０００円、安い物で１万円くらいです。「雄町米」は、３万円から３万５０００円くらいで、「山田錦」が３万円から３万３０００円くらいです。雄町の生産数量は、岡山県がどんどん増やせといって一時期増えたのですが、高いために７割が県外へ出て行きます。酒屋さんが景気のいい時は良いのですが、お酒が売れなくなってくると、そのような高い米が使えないため買っていただける量が少なくなってきたのです。岡山県や全農（全国農業協同組合連合会）としても、生産数量を調整しながら今日までできている状況であろうと思います。

地産地消は純米酒から

後ほどお話ししますが、「雄町米」は、私と当社の田村杜氏が一緒に復活させました。今の赤坂町で最高5000俵くらいは作ったのですが、「雄町」は特等や一等になかなか通らず、等外米になる確率が非常に高い米なのです。お酒にする場合、胴割れなどのように中にひびが入ると精米できません。全部割れてしまいます。よく生産者の方がお米をお持ちになって、「なんでうちのを取ってくれんのんなら。なんでこれが一等にいかんのんなら」と言われます。いくら見栄えが良くても、後ろから懐中電灯などで光らせて見ると、割れがぴっぴっと入っているのです。そうすると全く使い物になりません。

そうかといって、「雄町」は食べてそれほどおいしい米でもありません。皆さんが普通食べている飯米は、1000粒の目方がやや20グラムから22グラムぐらいだろうと思います。「雄町米」は、28グラムから29グラムぐらいあります。非常に大きな粒で、中に心白というでんぷん質があり、お酒の麹造りに向いているのですが、赤坂町地区の生産者農家の変遷をとってみましても、平成の10年ごろにはだいたい70軒くらいの農家としていた私どもとの契約も、現在は40軒くらいになっています。お酒が出ないものですから、高い米を買ってあげるわけにいかないのです。

皆さん方になかなか飲んでいただけないことで、今は当社だけではなくて清酒メーカー全体で日本酒が売れませんから、米の消費量が増えません。皆さんが純米酒を飲んでいただければ、今の3倍の量の米を使い、農地は荒れないという一番手っ取り早い話になるのです。皆さん方も考えてみてください。今日一日、朝はパン、昼は麺、米は夜の一食がいいところではないでしょうか。それくらい米を食べないのです。売れているといっても、コンビニのおにぎりくらいのものですね。だから、日本の国土などを守るために、日本全国の清酒メーカーが純米酒だけを造り、皆さんが純米酒だけを飲んでいただければ、今の米の3倍を使います。それなのになぜ使わないかというと、お米を使うのは高いからです。

日本の米価は、物価からすると安いのですが、世界の穀物価格からすると3倍です。それで、今日本は、海外からの輸入も一部ありますけれど、国内の米を守るために輸入できないような状態にしています。ある評論家が、「今これだけ日本の米の消費量が減ってきたら、日本で作ることはないのではないか。オーストラリアで日本人が食べる米を全部作って、日本の農業を…」というような、おかしな意見を述べていらっしゃいますが、とんでもない話です。日本の国土は荒れ放題になり、「美しい日本」どころの話ではなくなります。

純米酒を飲んでいただくとお米もしっかり使います。今は食べろと言っても、健康などいろいろなことを考えますから、昔のように2膳も3膳も食べる人はいません。ではどうするかということになると、お酒などに加工する以外にはないですね。今はご存じのように焼酎ブームで、いまだに芋焼酎です。手っ取り早い、健康に良いなどといわれるのですが、なぜ焼酎なのか我々は不思議でなりません。最近、一部の消費者の方は地産地消ということを非常に言われますが、清酒ほど地産地消の物はありません。大手は違いますが、地酒と称する所はみんなそうです。

酒造りは米作り

元の話に戻りますが、私が昭和41年に東京から帰って自分の所を継いだ時、この小さい酒屋で実際にどうやっていこうかと考えました。自分の置かれた蔵の立場をいろいろ見てみますと、やはり米しかないということで、米に没頭していったのです。その当時は勝手にお酒を造れませんし、特級、一級、二級という級別制度というものもありました。いくら努力をしていい物を造っても、二級酒は二級酒なのです。大手が特一級蔵で、我々地方の蔵は二級蔵というレッテルを貼られていて、消費者の皆さんもそのように思われていました。それが今は違います。今は大手の酒を飲む人というのは、ちょっといないだろうと思います。地酒の何々を飲んでいるということが、一つのプライドのような状態になっています。そういう点では我々も非常にありがたいのです。地方に行って居酒屋などをのぞきますと、「酒一筋」の蔵元の社長さんがお見えになったと非常に喜んでくれます。昔はそのようなことはなくて、酒販店などに行くと、「お前の所の酒は高い」などとクレームばかりを散々言われました。

そういう点では、あまり言ってはいけませんが、岡山県内の酒販店や小売店さんは勉強をしていないですね。全国の酒販店の人は、当社などへでも非常によく足を運ばれます。例えば、20年くらい前になりますが、うちでは「田植え、稲刈り、酒造り」という三点セットをやっていました。6月の初めころ田植えに来てください、それを植えたら稲刈りに来てください、それができたらその米で酒造りをしましょうということを、20年ほど前からずっとやってきたのです。今は、酒造りはしていただかないようにしているのですが、田植えと稲刈りはやっています。一部県内の方もいらっしゃいますけれど、酒販店の大半は県外の東京、神奈川、福岡あたりの方です。東京の方などは、夜行バスでお見えになって、田植えをして、またその晩夜行バスで帰られます。これは、「物好きだなあ」という問題ではないです。やはり、自分で植えて、稲を刈って、どういう米ができたかを見てみたいということでしょう。ここ最近、全国でもみんながいろいろな形でそのようなイベントに取り組んでいますが、当社も早くからやっており、20年来ずっと続いています。

昨年までは6反弱くらいを自家田で作っていましたが、今年は1町2反となり、本当の大百姓になってしまいました。社員みんなで米作りを一生懸命やっています。全部「雄町」を植えているのですが、地酒の場合、どんどんこういう姿になっていくのかなと感じています。自分の原料は、自分の目の届く範囲内の物を買う以外にないだろうという感じになっています。それと、隣が荒れたら困るものですから、場合によっては我々が作らせてもらうという体制を今取りつつあります。今の国の基準である4町以上の大型の農家まではいきませんけれど、岡山県において一つの地酒のメーカーがそういったことをするのは、特区以外では非常に珍しいのではないかと思います。

「雄町」を軌道に乗せるまで

米作りをしていると、今年の米の傾向がどういう状態かということが先に分かります。見た目は変わりはないのですけれど、原料として実際に使ってみると非常に違います。普通の飯米が1メートルから90センチくらいで短いのに比べ、「雄町」という米は、今でも形状が150センチくらいある非常に長い米です。作り手の立場からいうと、「雄町」は風水害に弱く、非常に倒れやすく作りにくいために、生産者の方がなかなか作ってくださいません。中でも一番大切なのは土作りで、現実には土作りを一生懸命やらないといい米ができないのです。

私が昭和41年に帰ってきてから実際に手がけるまでには10年くらいの期間があるのですが、生産者である農家の皆さん方に米作りで協力をして欲しいと言っても、なかなか話にのってくれませんでした。その当時は、「日本晴」などでだいたい1反で10俵取るのが普通だったと思います。「雄町」なんかを作っても実際は7俵も取れればいいところです。ただ、私の町内で現在も神職でいらっしゃる清野さんという方が、軽部雄町の伝統を消さないようにということで、1反だけずっと守ってこられていました。その方のおかげで、我々は籾《もみ》などを今日まで引き継いでくることができたのです。この「雄町」という米については、そういう因縁があるのです。

当初、町内の30軒足らずの農家の方に聞きましたら、2軒の方が協力してやろうと言ってくださいました。その代わり、「日本晴」を植えているのだから、「日本晴」分の実費を保証してほしいということでした。それでも協力してくださるのは非常にありがたいことなので、それではぜひやってくださいということでお願いしました。しかし、惨たんたるもので、ひどい物しかできませんでした。お年寄りでもいらっしゃれば良いのですが、今のように機械を使って、土曜日曜だけしか見ることができないような状態では、なかなかこの「雄町」という米はできません。そのように難しい段階があり、軌道に乗せるまでは本当に大変だったのです。

皆さん方も晩酌というものをなさると思うのですが、

自分は何粒くらいの米でこの酒を飲んでいるだろうかと考えられたことがありますか。「雄町」の苗は非常に弱々しいです。田植えにお見えになった人達は、でかっと10株くらい植えますが、実は3株もあれば十分です。ですから、植えていただいて帰られた後、我々は抜いていくのです。深く挿してあったり、根がついていなかったりします。田植えの後始末は本当に大変です。

1粒のもみを植えますと、だいたい10本くらいに稲が分けつします。1本にだいたい100粒から120粒のもみがついています。だから、1粒で10株くらいに分けつしたとしても、1000から1200粒くらいです。整粒で8割くらいになったとして1000粒、だいたい29グラムです。29グラムの米で純米の大吟醸を造ったら、何ミリリットルのお酒ができるかといいますと、精米歩合を50%にするとして14グラムですから、半分くらい粕を出すとして、答えが23ミリリットルくらいになります。ということは、1合にすると8倍から9倍ですから、粒で15~16粒くらいの数になります。だから、アバウトですが、毎晩晩酌をする人は、もみを15粒くらい食べているという計算になると思います。「雄町」の場合は、普通は1反で7俵も取ればいいほうです。

「雄町」復活にかける

酒造りを現実に見たという方もいらっしゃると思いますが、さわりだけビデオを見てください。

(ビデオ上映)

酒造りのさわりを見ていただきました。今出ておりました田村豊和という杜氏は、「現代の名工」をいただきました。ちょうど私の代から共に、現在も造りの責任者をしていただいております。

これが「雄町」という米の玄米です。心白が、菊花紋といいますかコンペイトーのような形です。「山田錦」は線状紋のため丸く非常に精米しやすいのですが、「雄町」の場合は、心白の角が精米のロールであたりますと割れるのです。ですから「雄町」は原則的に、この辺りまでが精いっぱいです。40%から35%にかかるときには、精米師がものすごく神経を使います。だいたい90時間、三昼夜半くらいを、最後になると低速でつきます。ご存じのようにお米は、外に「赤糠《ぬか》」があって、「中糠」、「白糠」、「特上白」とだんだん糠を取っていきます。このように心白は両方にありますが、心白が必ず真ん中に出るかどうかは作り手によって全く違うのです。手を抜くと、背中に出たりおなかに出たりします。そうなるともう価値がないのです。どうにもなりません。こういう米は精米ができない、つけないのです。「山田錦」でも同じで、背中やおなかに出るとすぐに割れてしまいます。だから、米作りがいかに大切かということですね。

先ほども少し話をしましたが、私が昭和41年に帰ってきて、10年くらいかかって、では「雄町米」の復活をかけようといった時に、最初に2軒の生産者の方が手を挙げてくださいました。しかしこれは、農家の方と直にお話をしていたのでは、全く話が前へ進まないのです。これではいけない、やはり行政がらみでやらなければいけないということで、「雄町米良質米推進協議会」を発足させました。役場、農協、農業試験場、改良普及所、生産者、当社の6者で団体を作り、奨励金として60キロで５０００円のプレミアを付けたのです。そうしたら、30軒が手を挙げてくださいました。そこからがやっとスタートです。

最初、60キロで５０００円というと大きな金額でした。それが１００俵２００俵から始まって、どんどん増えて３０００いくらかの俵に増えた時、高い酒がそんなに売れるわけがないですから、１社ではどうしようもないということになりました。それで、「ともかく特等一等だけ取らせてくれ、等外米はもういいからどこかで売ってくれ」ということで、手を離しました。それで県も、南のほう、今の藤田あたりで植えたのですが、やはりこの「雄町」という米は土地柄を選びます。粘土層では無理ですね。米は北海道の先端までできる今の時代ですから、できないことはありませんが、本来の雄町の姿にはなりません。我々の土地がどうしていいのかというと、昼夜の温度差があることや、花こう岩の砂れき土壌で水はけが非常に良いということです。普通の田んぼの稲は根が横へ横へと張っているのですが、「雄町」の場合は下へ下へ伸びていかないと台風などが来たら全部倒れてしまいます。だから土作りを有機肥料でやらないと絶対にだめです。「雄町米」の復活は、今出ておりました田村杜氏と私とが、一生懸命やって今日の姿になっているのですが、本当に時間とお金とを費やしました。

では、「雄町」の米で造る酒のどこがそれほどまでにいいのかということになりますね。しかし、この米はまた如何せん今風の味ではないのです。では30万俵の「山田錦」と3万俵の「雄町米」で作った酒はどこが違うのでしょう。ご存じのように、田中内閣の列島改造による新潟ブームで、新潟は一躍全国に何もかもが飛び出ました。そこで「淡麗辛口」「酒は水の如し」ということがいわれました。酒が水の如しであれば水を飲んでおけばいいのではないかという気がするのですが、そのブームが日本列島を走りました。「雄町」の酒はボリュームのある、あつめのはばりのある、昔風の酒です。非常にこってりとした、本当に酒らしい酒です。しかし、非常にきれいでさらっとした「山田錦」が受けたのです。今でも、関東に行くとほとんど「淡麗辛口」です。「雄町」は濃醇《じゅん》で、ワインでいえばボルドーの赤ワインのような、シャトータイプのぼてっとした本来の酒の資質ですから、市場へはあまり受け入れられなかったということでしょう。ただ、私もうちの杜氏も、本当の日本酒という意味では「雄町」に勝る酒の味はないと思っています。

日本酒は「国酒」

先ほども出てきましたけれど、日本酒は「国酒」といわれています。国の酒です。しかし、国酒であって国酒ではないのです。例えば、外国から国賓待遇の方がお見えになって、宮殿で乾杯をするのは何でしょうか。泡が出るではないですか。シャンパンが悪いという話ではありませんが、日本に来られたのですから、郷に入れば郷に従っていただきたいけれど、日本酒では乾杯しないですね。全部ワインです。とんでもない話で、このあたりがもう間違っています。これがすべて米の消費につながるのです。おかしいと思いませんか。何も日本に来て、フランスのワインやシャンパンを飲ませる必要はないのです。宮内庁等に言いますと、和食は食器がたくさんいるということですが、フランス料理も一緒ではないでしょうか。「清酒は日本の国酒だ」という言葉は、大平内閣の時に大平さんが言われました。そこから始まって、日本酒造組合中央会は歴代の総理、今の安倍総理にも「国酒」という文字を書いていただいています。

酒造りでは麹造りが非常に大切です。酒造りは「一・麹、二・酛《もと》、三・造り」といわれています。最近、醸造学会で、麹菌が「国菌」といわれました。麹菌というのは酒だけではなく、みそもしょうゆもすべて発酵食品になります。麹エキスは機能食品の最たるものです。非常にいいのですが、我々が言っても、皆さんは焼酎の芋ばっかり飲んで納得してくれないですね。そのあたりを足元からもう一度見直して欲しいと思うのです。

備前焼大甕による酒造りと長期熟成酒

当社には、「他社のまねを絶対にしない」というコンセプトがあって、米作りから酒造りまで一貫性を持っていこう、いい酒はいい器に入れよう、という信念というかコンセプトがあります。そこで、一升瓶以外の瓶は、当社独自の特殊な瓶に入れたり、自分で瓶の型を起こしたりしてやっております。

私は昔からずっと、地元の焼き物に日本六古窯の一つである備前焼があるではないか、なぜこれにお酒を入れて売れないのかと思っていました。当時、備前焼は本当に高かったのです。私の所も「備前陶苑」という窯元をやっているのですが、今の登り窯は、大きな甕《かめ》を焼くようにはなっていません。それで、小さな徳利を伊勢崎淳先生に頼みました。昭和40年代後半のことですから、それほど先生が売れている時分でもなかったのです。「先生がはねられた徳利をやってください。それに酒を入れて売ります」と言って売り出したのが、備前焼に最初に手を出したものです。３００ミリリットルほどのお酒を入れて、伊勢崎先生のぐい飲みも付けて、桐箱に入れて５０００円で、天満屋で売り出したのが最初だったと思います。今お持ちになっている人は、非常に価値が上がっていると思います。

常日頃から、お酒はどうして1年で売ってしまわないといけないのかということも疑問でした。造石税の時分は、造った物はその年にすぐ売らないと税金が払えないから、みんなそうしていたのです。日本酒の古酒というものは存在しません。やまやまあって元禄時代の半世紀くらいのものですが、それも実際ないのです。当社でも古い物というと30年くらいがやま精いっぱいです。

それで、どうにかして備前焼の器の中で古酒を造りたいということで、いろいろ考えました。300ミリリットルくらいの器の中にお酒を入れて放っておきますと、コールタールのように黒くなってほとんどなくなります。できるだけ大きい器のほうがいいということで、1リットルくらいでやってみてもだめです。それで、20リットルくらいの備前焼の甕を作って、穴蔵の中にそれを10本くらい入れています。古い物は30年くらいになりますが、開けてみたことがないので、どうなっているかは分かりません。ブームの時に一本100万円くらいで欲しいという酒販店もいらっしゃいましたが、今となっては売れるわけでもないですし、長期熟成酒で置いています。

今は、醸造研究所が東広島へ移ってきていますが、東京の滝野川の王子に、以前の醸造研究所があります。そこで昨年から、私も代表幹事の一人である「長期熟成酒研究会」で、100年の日本酒を造ろうではないかと計画しました。国の機関として認めるので持って来るように言われまして、各地域の焼き物や、メーカーによってはチタンの器にお酒を入れて持って行きました。昨年、NHKで放映されましたが、当社は20リットルの大きな甕に2本ほどお酒を入れて、納めさせていただいております。100年先の話ですからだれが飲むのかも分かりませんし、果たして中身があるかどうかも分かりません。

ぜひ備前焼の大きな焼き物の器で酒造りをしたいと、常に思っていました。地元にいるのに、どこか他県のメーカーが備前焼でやられたらと思うと、いても立ってもいられなくなり、森陶岳先生に、「先生、よう買わんから貸して欲しいんじゃけど」という話を持ち込んだのです。結局、「それはいかん。割れたらどうする」という話になり、「買わにゃあいかんなぁ。それじゃあ買うか」となったのが、平成7年のことです。大きな窯は4年に1回ほどしかやりません。その時は50メートルくらいの窯だったと思います。そこで5石の甕を

6本調達して持って帰りました。

お酒の場合は、中身がいくら入るかを税務署に報告しなければいけないので、使うときに容器検定の作業をします。いくらずつ仕切り、水を入れていって、空寸がいくらかということをすべて税務署に出すのです。5石なので我々の感覚では900リットル、1升瓶で500本分入るだろうと思っていたら、計ってみると3石しか入りません。それで、5石ではないのではないかと先生に聞いたのですが、「いや、これは正倉院の原寸と同じ寸法だ」と言われました。しかしこれは「こく」が違って、穀物の「穀」だったのです。それに気づかれて、今度2010年に、実際に900リットルのもっと大きな甕を焼かれると思います。6本買って現在も造っているのですが、やはり6本では少し足りないということで、4年後の平成11年にもう6本を買い求めて、現在は12本で備前焼大甕による酒造りをやっています。

では、備前焼で造るとどこが違うのでしょう。昔から、備前焼だと水が腐らないとか、花が確かに長生きをするといいますが、これは事実だろうと思います。片上にある岡山県セラミックセンターの前所長、光藤先生が理科大に行かれたので、私も勉強するために岡山理科大学に足を運んだことがあります。結果的にはよく分からないのですが、「U線」や「遠赤外線効果」といったものが出て、水が常に対流するのだそうです。陶岳先生の大甕を買った人も、庭先に転がしているだけで、実際に水を入れる人はいらっしゃらないでしょう。びっくりしたのは、備前は土が粗いですから、水を入れると周りからぴゅーっとすごく吹いて出るのです。埋めなければなりませんが、酒を造りますから薬品では埋められません。手間暇も時間もかかりました。結果的には漆で埋め込んでいきます。陶岳先生も、びっくりなさっていました。このように備前焼の大甕での酒造りを現在もやっており、確かに泡がきれいですね。

生酛《きもと》づくり

我々の所はだいたい30日から40日、1カ月くらいをかけて酒造りをします。今の大手の酒造りは10日です。この20日間の違いというのは非常に大きいです。日当にしてみると莫大です。短期間でアルコール発酵させて終わらせて、後は調合技術だけで酒を売ります。地酒の場合は、当社だけではなくて皆さんそうだと思いますが、非常に手間暇をかけて造っているのです。

「生酛づくり」というのはなんだとよく言われます。「山廃《やまはい》」、「山《やま》卸《おろし》廃《はい》止《し》酛《もと》」などを聞かれたことがないでしょうか。先ほども出ましたように、今の酒造りは「速醸酛」といって、試験管の中で純粋に培養した酵母をたくさん添加します。我々の所でもマイナス80度の冷凍庫の中に貯蔵して、何日の何号目には、何号の酵母を使うからそれを持ってこいということで、培養している物を使うのです。今は、香りを出そうと思えば香りを出す酵母がありますから、試験管の中で培養した酵母をどんどん使って、酒の種類によっていろいろな使い分けをします。

「生酛づくり」は「昔づくり」といってもいいのですが、この部屋の空気中にもたくさんいる乳酸菌を利用します。以前よく蔵見学をやっていましたが、杜氏が、「人が来ると酸が増えてしかたがない」と言い出しました。40人なら40人が蔵の中に入って帰ると、次の日にはもろみの酸がぱっと増えるのです。ガラス越しに分離して接点がなければいいのですが、我々のような所は別に仕切りがあるわけではなく現場を見て通ります。部外者の方が入ると必ず酸が増えるのです。そのため、うちの場合、今は見学などを一切やっていません。造りの段階において純粋に培養した酵母を使うので、酒が腐るようなことはまずありません。

お酒は「初添、仲添、留添」と3段に仕込んでいきます。「添」を打って「仲」までに「踊」という作業があるのですが、「踊」は休みという意味です。階段の踊り場を思ってくだされればよいのですが、まっすぐに上がるのではなく、いったん踊り場があってそれからまた上がるような形です。1段、2段、3段で仕込んでいくのですが、その時に、自然のまま、酵母を全く添加しません。そうすると蔵の中の空気中に住んでいる乳酸菌が落ちてくるのです。よく、しょうゆ屋さんなどに行きますと、「汚いわね。こんな真っ黒な所で」と知らない人は言いますが、これがその蔵の宝なのです。日にちがだいたい40日から45日くらいかかります。発酵を終了するまでにはもっと時間がかかるのです。

これを造ることができる杜氏は今本当にいません。皆無です。だから、我々の蔵でも、その後継者を養成していかなければならない、若い者に教えようということで、今一生懸命杜氏が教えています。広島の局の鑑定官室長まで、当社の「生酛づくり」を見に、3日ほど来られたことがあります。このようにあまり造ることができないため、「生酛づくり」という表示を見ることがないと思います。酒がどう違うかというと、もっと泥くさい酒になります。しかし、お燗をするとこれに勝るものはない、本当においしいお酒です。冬場の鍋など、生酛のぬる燗で飲むとたまりません。きっと今夜のお酒は本当においしいと思いますよ。

我々も今までは冷たいお酒、冷酒ばかりをやってきました。全国にいろいろな杜氏集団がありますけれど、今では杜氏のグループが壊滅状態です。岡山にも「備中杜氏」がありますが、名前だけで現実には数人しかおりません。但馬や丹波は産地を控えていますのでまだいますが、結局、杜氏が自分の息子を杜氏にしないのでもういません。今は、そこの蔵の息子さんやお嬢さんなどが酒造りをやっていますが、後はどうなっても成り行きに任せるという8時から17時の世界です。冬場の杜氏は24時間体制です。そうすると、できた物はやはり違います。違って当たり前です。今当社でも、杜氏の伝承を一生懸命やっておりますけれど、こういった技術がなかなか伝わらないのです。

世界に羽ばたく酒一筋

日本人に日本の国酒を飲んでいただけないので、十何年前から、アメリカを筆頭にカナダ、私は台湾、香港、中国等を担当して、来月も香港へ一週間ほど酒を売りに行きます。これは情けないです。台湾であれば台湾に行って、言葉も何も分からないのに酒を買ってくれという、何ともいえないこの気持ちを皆さま方に分かって欲しいと思います。しかし彼らは、日本酒はヘルシーであるということ、機能性食品であるということ、米ということについて非常に理解があります。欲しいのだけれど高いのです。こちらで1000円の物が、やはり現地では3000円になります。飲み屋に行くと1000円の物が6000円になります。私が台湾に行って、台北の夜の街で自社の1升5000

円の赤磐雄町を飲もうとすると、3万円出さないと飲めません。それで、キープします。4、5人で行けばいいですが、向こうに行くと非常に出費が多いというのが現実です。

今お酒は、カナダあたりでは非常によく売れます。フランス領でもともと白ワインの国であるということと、健康にいいということが重なって非常に受けがいいのです。ただ、カナダという国も州によって州税が全部違います。単独で入ってくる場合は非常に難しいのです。当社も、新潟のメーカーと3社で、カナダに1人駐在の方を置いています。いったん国が買いあげて民間に出すため、承認を取って取り上げてくれるまでに非常に時間がかかります。現実には中国も同じで、上海でも正規のルートだと1年くらいかかります。ところが、言葉はおかしいですが、裏ルートであれば半年くらいで交渉できるということです。

日本酒は本当においしく、地産地消の最たるものです。ぜひ皆さん方、精進のためにも日本酒を飲んで長生きをしてください。たくさん飲む必要はないのです。私はゴルフが好きで、ゴルフ場でよく話をします。「あなた方はビールばかり飲んで、この1杯がたまらないというけれど、そんなものを飲んでいるからボールが泡と消えていくんですよ」。日本酒を飲めば、10ヤードは必ず飛ぶことを請け合うといつも言っているのですが、なかなか理解してくれません。

そういうことで、私の話はこれくらいにしたいと思います。

大原社研と倉敷労研

関西福祉大学教授
坂本忠次

「最大の偉人の一人」大原孫三郎

倉敷の大原孫三郎氏は、社会事業、福祉貢献、今日ではフィランソロピーとかメセナ活動とかいっておりますが、そういう活動をして非常に注目されている方です。日本の財界人としては、非常に珍しい方です。

私は、東京大学を出まして、その後法政大学で研究しておりましたが、今日お話しします大原社会問題研究所は、その法政大学にありました。岡山県史の調査・資料集めということで、いろいろ協力させていただきました。法政大学におりましたころ、私は大内兵衛先生の最後の弟子で、この大内兵衛先生というのは東京大学経済学部の教授でした。戦後昭和25（1950）年、日本の社会保障制度審議会というものを立ち上げまして、その会長をされました。財政学者であり経済学とりわけ統計学の専門家でもありますが、この大内先生が、大原社会問題研究所に戦前の一時期その研究員としておられたのです。

大内兵衛先生は、日本の財界人、経済人の中で何人かの人を非常に高く評価していますが、大原孫三郎については、特に産業資本家で「高い山」の一人として評価されております。自分が大原社会問題研究所で大変世話になり、東京大学でいろいろな事件があって、そのときに自分が辞職しなければならなかったときがありましたが、その時ある意味では大原さんに救ってもらったわけです。倉敷で統計協会の講演がありまして、その時の講演が『大内兵衛全集』に載っておりますが、「最大の偉人の一人」と表現されています。

日本の経済人の中で何人か、福祉貢献とか社会事業への貢献をした人もいると思います。あまりいわれないのですが、私は、渋沢栄一は日本の福祉や社会事業に非常に大きな陰の貢献をした人ではないかと思います。ほかにも何人かいるのですが、それにしても、大原孫三郎がその代表格の一人であることは間違いありません。経済学者で技術革新について述べたシュンペーターという人がおりますが、大原さんは「日本のシュンペーター」といってもいいような人で、日本の技術革新（イノベーション）を大きく成し遂げた人ではないかと言う人もいます。この点も注目しておいてよいことだろうと思います。

岡山県には歴史的に非常に先駆的な人たちがたくさんおります。私の専門であります地方自治とか地方分権ということで申しますと、分権の基礎に創業者の技術力というのが大きくあるのではないかと思います。岡山県にもこれにふさわしい中堅企業はいくつかありまして、産業のパイオニアがたくさんおります。例えば興除村で農業の発動機を発明した人とか、果物の話もありましたが、先駆的な人が岡山県からたくさん出ているということは、誇っていいことではないかと思います。

ただ、岡山県の明治自由民権運動や国会開設運動も、全国に先駆けたということになっているのですが、残念ながら運動家の中には岡山にあまりとどまらないで、中央に出てしまう人も多いのです。これは一つの問題点でありまして、岡山で地道な長続きする運動をしないという問題点もあるわけです。そういった意味では大原さんは、もちろん東京にも外国にも行っていろいろ活動されたわけでありますが、やはり地元の倉敷を中心に、地域を基盤に活躍されたということは、評価しておいてよいことだろうと思います。

孫三郎の生い立ち

大原孫三郎の生い立ちを簡単に紹介しておきたいと思います。大原孝四郎氏の子として倉敷村、今の倉敷市に生まれました。閑谷学校にも行っております。これも非常に興味があることです。そして東京専門学校、現在の早稲田大学に勉強に行きますが、お金持ちの息子であったせいか、学生時代に友達にたかられ、一種の放蕩をしました。当時の遊郭とかで放蕩して、相当な散財をしたわけです。そんなときに、足尾銅山の公害を友達と一緒に視察する機会があり、世の中にはこんなに苦しんでいる人がいるということをつぶさに見まして、非常に感じるところがあったようです。そういった意味では、感受性が非常に強い人ではなかったかと思います。

孫三郎の立ち直りに大きな役割を果たしたのが、倉敷で薬種商をしていた林源十郎です。祖父は孚一という勤王の志士であり漢学の大家で、林源十郎は早くからキリスト教に入信していました。お父さんの大原孝四郎は林源十郎に、早く孫三郎を立ち直らせて立派な人間にしてくれと頼みます。林源十郎は孫三郎を東京から郷里に連れて帰ることになりました。そして、帰郷後はキリスト教に入信します。東京での借金が当時のお金で1万円余でした。今のお金にすると相当な額であったことは間違いないわけで、それをポンと孝四郎氏が一遍に払ったということで、これも話題になりました。

私の先生で、最近亡くなった大石嘉一郎という東大の社会科学研究所の教授をしていた人がいます。日本の地方自治史の大家ですが、この人から聞いたところによると、孫三郎は禁治産者になった一時期があるのだそうです。これは詳しいことはよくは分からないのですが、もしそうとしますと放蕩していたのでこれを家族が止めさせようとしたという説と、その後貧民救済をしたり社会主義的な傾向を持っていたりして、当時そういう人は当局から弾圧の対象になるわけですから、そちらの方と関係があるのではないかという意見もあります。

しかし、そういう中で彼は人間的な立ち直りをしました。大原孝四郎氏らの発起した倉敷紡績所が明治20（1887）年に設立されますが、そこに孫三郎が入社したのは明治34（1901）年、そして明治38（1905）年に既に社長になっています。その間に石井十次が岡山孤児院を作りますが、岡山孤児院の基本金管理者になるのがちょうど紡績会社に入ったころでした。

社会改良主義的実業家として

大原孫三郎は、普通の産業資本家ではなくて、社会改良主義的な実業家としての一面がありました。ヨーロッパの空想的社会主義者であるロバート・オウエンという人がおりましたが、この人に似せられて「日本のロバート・オウエン」ともいわれます。大原奨学金を明治31（1898）年に既に作ったりして、福祉教育、特に教育活動を非常に先進的にやられました。同時に、今も残っておりますが、大正12（1923）年には倉敷中央病院を開院しました。この中央病院は、今は増設されていますが、デザインが非常に素晴らしいです。ユニバーサルデザインとかバリアフリーという言葉がありますが、患者さんや訪れる人の癒しになるような色を使っているのではないかと思います。今日も非常に多くの人が診療を受けに行っている病院です。

大正6（1917）年11月、大阪に石井記念愛染園を設立しました。それから大原農業研究所（当初大原奨農会の農業研究所として創立）、のちの岡山大学農業生物研究所も作ります。児童福祉の分野では、保育施設若竹の園ができます。大原夫人の寿恵子さんですが、福山からお嫁に来ました。この寿恵子さんは歌をやりまして、アララギ派の会員でもあり、非常に文化活動も活発でした。労働者の子弟の保育にあたるということが趣旨で、この人が若竹の園の園長になりました。

さらに、ヨーロッパの絵画を児島虎次郎に買い集めさせ、薬師寺主計《かずえ》の設計によって昭和5（1930）年に大原美術館ができます。会社の中では「孫三郎が無駄な金を使う」と言われました。この前年、昭和4（1929）年にニューヨークの証券取引所で株価が暴落します。アメリカに始まる大恐慌です。日本でも昭和5年に農業恐慌ともいわれますが昭和恐慌があり、紡績も不況になって、女子従業員の争議も起こりました。そういうときですから、美術館の建設や美術品の購入に大金を使うことは、会社の職員としても会社の幹部としても許されない、非難囂々《ごうごう》です。そんな中で美術館を作ったわけです。最初はあまり人が入りませんでした。その後、息子さんの大原總一郎氏の努力もありましたし、私の記憶では、戦後すぐか戦前にある絵が盗難に遭い、これが世界的に知られまして、日本の地方の田舎にそんな素晴らしい美術館があるということが国際的に知られるようになりました。不幸中の幸いで、それが契機かどうか分かりませんが、戦後美術館が大変な反響を呼ぶということになります。

私は、アメリカからある有名な経済学者を招待したとき、岡山では後楽園を見せ、倉敷に連れて行きました。大原美術館に行きましたら、その奥さんが絵とか芸術がすごく好きな人で、非常に感激されました。教授はマルクス系の学者でしたがこの先生まで感激しまして、日本のこんな所にこんな美術館があるとはすごいことだという話になりました。そういう経験もございました。

倉敷に残る遺産

余談ですけれども、倉敷の美観地区というのは非常に面白いところです。蔵のある屋敷の非常に古い街並みが残っているのですが、美術館の設計は非常に近代的でヨーロッパ風、ギリシャ風の建物です。これが美観地区に非常にマッチしていて、若者にも人気があり、設計者がそういうコントラストを考えたのかどうか分かりませんが、大変成功したということです。

倉敷では日曜学校というのがありまして、これは早くからやっていました。今は建物がなくなりましたけど、二三会館というお客さまを接待する会館があったのです。古い人はご存じだと思いますが、これももうなくなりました。

大正元年、本社工場及び万寿工場に分散式家族的宿舎が完成しました。写真は、倉敷市の本社工場の分散式家族的宿舎です。吉備高原都市でもそうですが、日本のニュータウンというのは大体住居と職場とが離れています。ところが、イギリスのニュータウンは職住近接で、それが本当の工業村なのです。これを日本で最初に実現したというので、都市学者から評価されています。フローラルコートの北にその分散式宿舎が一棟残っていて、私はそれを残してくれと言っていたのですが、逆にあれは古く汚いのか倒すと言って倒されてしまいました。チボリ公園の土地もそうですが、日本の文化遺産というか産業遺産を簡単に倒してしまうというのは、残念なことです。

資料１　竣工した倉敷本社工場の分散的家族寄宿舎（大正元年12月）『倉敷紡績百年史』

万寿工場に職工村ができましたが、これがまた工場の内部から反対がありました。なぜかというと、男子工がたくさん来て職住近接をすると、賃金が高いというのです。だから企業から反対を受けました。そこで、せっかく作った職工村を取り壊しまして、また女子従業員用の宿舎を造りました。その中にいろいろな厚生施設がありました。

先日、大原謙一郎さんに岡山の自治体学会で講演してもらったのですが、「倉敷学」というものを大原さんは提唱しておられます。倉敷学とは何かというと、地方の倉敷から東京に対して情報発信できるだけではなくて、国際的にも情報発信できるということです。その一つに、總一郎氏が柳宗悦とか河井寛次郎とかと、民芸運動というのを倉敷で非常に先進的にやっています。倉敷の文化協会もありますけども、バーナード・リーチのような民芸運動は、やはり市民の中に芽生えた新しい運動であり、この運動はかなり国際化しているのです。かつて倉敷で国際的なシンポジウムもありました。そういうことをやったというところに、倉敷の大原さんらしい特色があるわけです。

大原社会問題研究所の創立

大原社会問題研究所は、大正8（1919）年2月9日に大阪で創立されました。その経過をたどりますと、大正3（1914）年に岡山孤児院の事業を残した石井十次が永眠します。その後、岡山孤児院の大阪事務所を拡張しまして、そこに石井記念愛染園が設立されるのです。隣保事業をやっていましたが、大正7（1918）年に小川滋次郎の勧めで園内に救済事業研究室を作りました。ご承知のように、大阪というのは戦前までは、東京をしのぐぐらいの日本の工業都市でありましたけれども、都市の中に釜ヶ崎という劣悪な貧民地区を抱えていました。行政が「あいりん地区」という名前を付けた地区です。それで大阪に救済事業研究室というのを設けてはという話になり、そこにできたわけです。孫三郎は、これは将来独立の研究所とすべきだということを言いました。

大正7（1918）年の7月から8月にかけて、日本全国に米騒動が起こります。富山から始まるのですが、岡山県の県北の落合町から始まって、太平洋側では最初の騒動となりました。落合から岡山、そして倉敷へと拡大していくのです。ここに大原社会問題研究所の研究員になる細川嘉六がおりまして、のち米騒動の調査を非常に熱心にやりました。今日「細川資料」という米騒動の資料があります。

米騒動を契機に、日本の労働運動や社会運動が非常に活発になります。そのあと、有名な『貧乏物語』を書いた河上肇が、高野岩三郎という有名な学者を大原氏に紹介し、結局研究所を作るという動きになったわけです。米騒動のような貧民の問題が山積みしている中で、日本の貧民救済をどうしていくかというときに、まず科学的な研究が必要であるということになったのです。愛染園の中に研究所の事務所を置き、その中に社会問題研究会を開設、そして大正８（１９１９）年２月、研究会を基礎に大原社会問題研究所が設立され、大正８年７月に社会問題研究所と救済事業研究所を合併しました。

写真は、大阪時代の大原社会問題研究所です。大原社会問題研究所の設立趣意書には、「世界戰争以來、社會問題の解決は我國に於いても、其の急を要するに到った。此の問題の解決は、公平な、そして飽くまで根本的な立場からするを要し、決して一部利害關係者の見地からすべきではない。それには問題の基礎に遡り、我國の實際に鑑み、且つ諸外國の實例に徴して、十分調査を遂げなければならぬ」、調査が必要であるといっています。さらに「本研究所は此の趣旨の下に建てられたものであり、其の事業の計畫は大體次に掲ぐる規定の如く…」とあり、大原社会問題研究所規定が次に書かれています（資料３）。

資料２　大阪時代の大原社会問題研究所(正面)
『大原社会問題研究所五十年史』

資料３　大原社会問題研究所設立趣意書

世界戦争以来、社会問題の解決は我国に於いても、其の急を要するに到った。此の問題の解決は、公平な、そして飽くまで根本的な立場からするを要し、決して一部利害関係者の見地からすべきでない。それには問題の基礎に遡り、我国の実際に鑑み、且つ諸外国の実例に徴して、充分調査を遂げなければならぬ。本研究所は此の趣旨の下に建てられたものであり、其の事業の計画は大体次に掲ぐる規定の如くである。

大原社会問題研究所規定

第一條　本所は大原社会問題研究所と称し之を大阪に置く

第二條　本所は左の事項を行うを以て目的とす

一　労働問題、社会事業其他の社会問題に関する研究及び調査を行うこと
二　社会問題に関するする特殊方面に付き専門家に研究又は調査を嘱託すること
三　社会問題に関する本邦学者の研究を刊行すること
四　社会問題に関する海外の著書を翻訳刊行すること
五　社会問題に関する懸賞論文を募集し之を審査発表すること
六　社会問題に関する研究及び調査を援助すること
七　社会問題に関する学術講演及び講習会を開催すること
八　社会問題に関係ある内外図書及び資料を蒐集し広く研究者の便宜を図ること

第三條　本所を第一部第二部に分かつ。第一部は主として労働問題に関する方面を、第二部は主として社会事業に関する方面を管掌す

第四條　本所に左の役員を置く
一　委員若干名
二　幹事二名
三　研究嘱託若干名
四　研究員若干名
五　助手若干名
六　図書主任一名
七　司書若干名
八　書記長一名
九　書記若干名

第五條　研究、調査、翻訳及び講演は委員、研究嘱託、研究員及び助手之に当るものとす。但し臨時他に嘱託することを得

第六條　図書及び資料に関する事項は幹事、図書主任及び司書之を行う

役　員

第一部委員　○河田嗣郎　米田庄太郎　高野岩三郎
第二部委員　小河滋次郎　○高田慎吾

注　○印は幹事、なお以上の五委員は同時に評議員会の構成員であった。

高野岩三郎と久留間鮫造

高野岩三郎という人は立派な学者で、統計学が得意だった人です（資料4）。この人を研究所長として迎えたのが大きなきっかけになりました。大正8年10月には、国際労働会議代表問題ということがありまして、高野氏がそんなところに行くことには労働者側からの

反対もあり、高野氏は東大教授を辞任に追い込まれたときでした。そういうときに社会問題研究所を作る中で、高野氏が社会問題研究所の所長に推薦されていくわけです。

資料4　高野岩三郎
『大原社会問題研究所五十年史』

大正9年になりますと、森戸事件が起こりました。森戸辰男氏は、広島県に生まれのちに文部大臣をした人です。当時は、東京大学経済学部の中で、右派というかのちに中央大学の教授になった本庄栄次郎教授たちの派と、マルクス主義に影響を受けている労農派の教授とが激しく対立しておりまして、森戸事件によって大内兵衛氏も休職を迫られました。そういう中で、3月に高野氏が研究所の所長に就任しました。

久留間鮫造先生には私は大学院で経済学を習いました。経済学で宇野理論というのがあります。宇野（弘蔵）さんというのは岡山の人で、倉敷の秤《はかり》屋の息子さんです。価値尺度論というのを書いて資本論を独自に解釈した経済学の体系で一世を風靡《ふうび》し、宇野経済学というのを確立しました。久留間教授はその反対に資本論の忠実な解釈をして『マルクス経済学レキシコン』というのを執筆編さんしました。岡山市の生まれです。岡山にはそういう学者が多いですね。近代経済学で京都大学教授の青山秀夫とか、マルクス経済学者も相当います。

久留間先生は経済学の純粋な理論家ですが、いろいろ調べてみますと、法政大学に大原社会問題研究所を移すときに、この久留間さんが非常に活躍したということが分かりました。思わぬところで久留間先生の一面を見ました。この先生はたくさん原稿を書いていますが、お酒を飲みながら原稿を書くといわれていました。私もちょっとまねをしたのですけど、なかなか実行できません。お酒を飲みながらちゃんと原稿を書ける、ちょっと変わった人でした。ところが、この先生の家が丸焼けになりまして、原稿も全部焼けてしまったのです。先生はショックを受けて、しばらく勉強ができなかったということです。宇野先生の方が少し有名ですけれども、久留間教授の原稿がもし残っていたら本当に大学者になったのではないかと思います。先に述べた櫛田民蔵氏もいました。

そして研究所開所式をし、研究所趣意書規定を整備しました。『日本労働年鑑』とかいろいろな刊行物を出していきます。大正11（1922）年に財団法人になりまして、12年に『大原社会問題研究所雑誌』第1号というのを出します。これは今もずっと続いていまして、『日本労働年鑑』も毎年出ております。

社会問題研究所の危機

大正12年（1923）には関東大震災がありまして、東京、横浜を中心として相当の被害がありました。これは「震災恐慌」といわれるほど日本の経済に打撃を与え、大阪や岡山県にもその影響がありましたから、研究所の運営も非常に苦しかったのではないかと思います。

それにプラスして、昭和3（1928）年には、大事件が起こります。いわゆる3・15事件です。翌年には4・16事件がありますが、日本の左翼の運動家は特高（特別高等警察）によって捜索を受けました。このときの記録で、岡山県の特高課長をしておりました松野友治氏の「松野資料」というのがあります。蓬郷さんという方から聞いて私が同氏に会い入手することができました。清音村で後に村長をする人ですけれども、「蛍籠」という名前で、ご自宅の天井裏にその特高資料を全部隠しておられたのです。俳人なのでホタルという名前を付けたのでしょうけども、岡山県史の資料室（現在の岡山県記録資料館）に全部寄贈してもらいました。この資料から岡山県の特高が、いかに丹念に当時の労働農民運動家や政治活動家などを調べたかということが、よく分かるのです。

岡山県でもその程度ですから、もちろん東京や大阪では捜索がありました。研究所でも研究者が逮捕され、存廃問題も起こりますが、なんとか持ちこたえました。研究所は講演会などで細々とやっており、研究所の雑誌は一応残しました。ここで大原さんの偉いところなのですが、労働者農民のビラ、今でいえば宣伝ビラです。それらを丹念に大原社会問題研究所が集めていました。それから、雑誌の表紙とか会合するときの講演のビラ、広告などがありますが、そういうものもたくさん残っております。よく聞いてみましたら、タダでビラをもらったのでなく、研究所が買い取って資金援助したらしいのです。ビラの買い取りをやるというところが、大原さんの面白いところです。

岡山県の農民運動には、山上武雄とか、もっと古い時代からですと仁科雄一とか、いろいろな人が出てまいります。農業県だけあって、岡山県の農民運動は非常に盛んでした。邑久上道農民組合連合会の提起した「小作料永久3割減」というのも、全国に先駆けた運動でした。新潟や香川などいろいろなところに発展していきます。これがまた岡山県的なのですが、小作料を払う農民の生活の原価計算をするのです。肥料代なんぼ、労賃なんぼと計算するとこれだけ赤字になり、小作料をこれだけ払ったのでは到底生活できないと、科学的な計算をやりまして、それを地主に突き付けました。ここが非常に岡山県人的なところでした。（計算高いと言われるかも知れませんが）、非常に綿密に科学的に地主に要求したということで、「小作料永久3割減」というスローガンは全国に知られているわけです。

昭和13（1938）年に人民戦線の事件というのが起こりました。当時の経済学はマルクス経済学が中心でありましたから、東京大学や京都大学の教授グループのほとんどが逮捕されまして、大内兵衛氏も拘束を受けました。

昭和18（1943）年1月、大原孫三郎さんが亡くなります。この大原社会問題研究所も、なぜそんなに日本の左翼運動などを応援するのかというので、会社の中でも美術館とはまた違う意味の非難があって、大変だったようです。空襲により、大阪の研究所の事務所の図書は焼失しました。しかしビラとかそういうものは、どこかに隠しており大多数が残ったのです。

法政大学に移転する

戦後になりまして、先ほど申しました久留間鮫造先生が、法政大学との合併問題を大変主導的にやられました。「大原社會問題研究所合併ニ關スル覺書」（資料5）があります。

資料5　大原社会問題研究所合併ニ関スル覚書

一、大原社会問題研究所ハ解散シ其所有スル図書其他一切ノ資産ヲ

法政大学ニ寄附スルコト

二、法政大学ハ社会問題研究所ヲ附設シ大原社会問題研究所ノ事業ヲ継承スルト共ニ其伝統ヲ尊重シ少クトモ現在其ノ行ヒツツアル事業ヲ法政大学ノ存続スル限リ行フコト

三、法政大学ハ大原社会問題研究所カラ寄附ヲ受ケタ一切ノ図書及資料ヲ其社会問題研究所ニ於テ保管シ散失シナイコト

四、法政大学ハ大原社会問題研究所ニ対シ解散費用ヲ支払フコト

右双方ノ代表者誠意ヲ以テ履行スルコトヲ確約スル

昭和二十四年七月二十九日

財団法人大原社会問題研究所　常務理事　久留間鮫造

法政大学　総長　野上豊一郎

久留間先生が大原社会問題研究所の常務理事でしたが、法政大学の専任教授になられます。法政大学の当時の総長は野上豊一郎といいまして、野上彌生子のご亭主と思います。作家の野上彌生子氏も大内兵衛氏らと非常に親交がありました。そのあと大内兵衛氏が招致をして、法政大学がこれを引き受けるということになったのです。そして8月に市ヶ谷の水道橋の所にありますす法政大学の一室に移転しました。昭和25（1950）年に大内兵衛氏は法政大学の総長になりまして、この研究所を財団法人として整備しました。

これも私の先生の一人でありますが、宇佐美誠次郎という方がおりました。日本のマルクス経済学の中で講座派の一人で、この先生がその後所長になりました。その宇佐美先生から聞いたのですが、大原社会問題研究所は、日本の労働・農民・社会運動資料の金字塔というか、文献資料図書館、いわば革命博物館だと言っておられました。社会運動の資料を全部ここに集めるようにということで、全国からそういうものをできるだけ送ってくれということでした。私も、最近では岡山の運動資料などあれば送っているのですけども、そういう金字塔にするということです。

法政大学が引き受けてくれなかったら、大原社会問題研究所もいずれなくなっていたのではないかと思います。日本の非常に貴重な文化遺産が法政大学に置かれており、高野岩三郎氏や大内兵衛氏の努力が非常に大きかったのです。戦前の非常に苦しい時代に大原社会問題研究所を通じて、日本の学問の発展、日本の社

会運動の発展とその遺産を残すことができたという意味で、最初に申しましたように大内先生は孫三郎のことを「高い山」「最大の偉人の一人」だと賞賛したのでした。したがって倉敷の講演でこういうことを言われたのは、まんざらお世辞だけではなく、ご自分の本音を言われたのではないかと思います。

労働科学研究所

「労働科学研究所」というのは倉敷にありまして、写真は創立当時のものです。これを創立したのは、暉《てる》峻《おか》義《ぎ》等《とう》という人です。この暉峻義等さんの息子さんは、高崎経済大学の経済学者でした。またその息子さんの奥さん（暉峻淑子氏）が最近有名になっておりまして、法政大学の大学院を出られています。岩波新書から『豊かさの条件』という題名で、豊かな生活とはどういうものかというのをドイツと比較して書かれており、大変な反響があり相当本が売れたということでも有名です。

この暉峻義等氏は、東京で日本社会衛生年鑑の編集をしていました。そしてこの人が大正9（1920）年、大原社長と倉敷工場を深夜に訪問します。当時の紡績工場はご承知のようにいろいろと問題がありました。倉敷では家族的分散的宿舎を作っているといいましても、問題がないわけではありませんでした。深夜労働の問題を大原社長が調査するということで、そのとき暉峻氏から「工場内に研究所を設立してはどうか」「労働者の衛生問題を検討してはどうか」という話がありました。7月~8月にかけて倉敷万寿工場（現在のチボリ公園の場所）の女子宿舎の昼夜二交代制の実施というものを、暉峻、石川、桐原の3名が合宿をして調査したのです。この3名が労働科学研究所の有能な「三羽ガラス」です。当時みんな若い研究者でした。

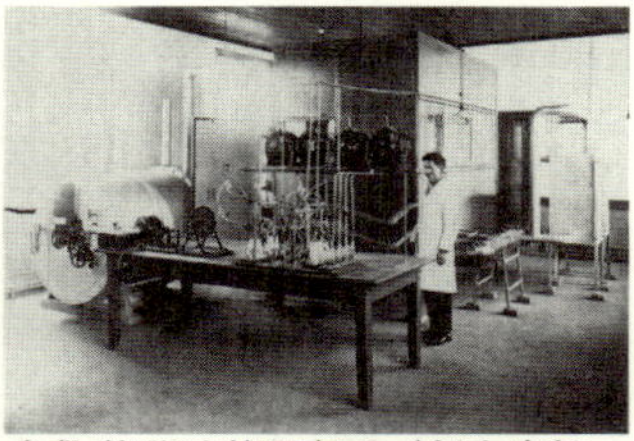

倉敷労働科学研究所（創立当初の内部）『倉敷紡績百年史』

資料7　大正10年代の労作中の呼気採取（倉敷労働科学研究所）『労働科学研究所60年史話』

高野岩三郎所長の「大原社会問題研究所」は、労働者の衛生問題も極めて重要であるということで、社会衛生部門の関係者を倉敷工場内の研究部門に移行させる決定をしました。大正10（1921）年7月1日、女子従業員の深夜労働と健康衛生問題を調査し研究するという目的で、万寿工場内に「倉敷労働科学研究所」を設立します。大原社会問題研究所より2年ほど後になります。この万寿工場の産業遺産は崩壊してしまいましたけれども、今残っていれば、非常に価値のあるものです。

「労研式塵埃《じんあい》測定器」の写真を2枚載せております。会社の中の衛生状態がどうかということを、労働者に呼吸をしてもらい測定する機械を労研が開発しました。当時の学会でも衛生問題が重要となり注目されたのです。

労働者の集団栄養問題も取り上げました。欧米視察から帰国した暉峻氏は、機関誌『労働科学研究』を創刊し、「カロリー決定による献立改善」を書いています。「産業衛生問題」にいち早く手をつけたということで、大原さんは学会からも注目されます。このへんも一つのパイオニアといえるでしょう。当時、ヨーロッパの大学などとの交流がありまして、それらの資料も相当購入していました。これらの資料は美術品ほど高額ではなかったと思いますが、やはり相当のお金を使ったといわれております。

労研饅頭の開発

非常に注目されるのが「労研饅頭《ろうけんまんとう》」です。私が倉敷市史を書くときに『倉敷の歴史』に「労研饅頭」の話を書きましたら、結構反響がありまして、「六高生時代に食べた」という人から手紙が来たりしたということです。

この「労研饅頭」は、暉峻義等氏が所長になって開発しました。中国へ行きますと「饅頭《まんとう》」というのがあり、主食の一つになっています。あまりおいしくないのですが、このまんじゅうのような「饅頭」を開発しまして、日本人に合うように少しおいしくしたのでしょう。主食代用「労研饅頭」という商標（資料8）があります。「各種主食分析表」という科学的に調査した表を見ますと（資料9）、「労研饅頭」は、タンパク質や脂肪は「支那饅頭（中国の饅頭）」に少しかないませんが、まあまあです。含水炭素は、非常に豊かで相対的に高い。昭和４（１９２９）年、ちょうど昭和恐慌の年ですが、労研饅頭の試食会を行ったところ、「これには栄養価が高い」と言われたのです。（資料９）

　これを熱心にやったのが、先ほど言いました林源十郎でした。今日の林薬局が製造、販売に貢献したのです。この「労研饅頭」には、その元になるマル秘の種があります。例えば中華そば屋では、おつゆがなぜおいしいかというのを、絶対にほかの人には言いません。そういうノウハウのマル秘の部分があるわけです。これを林源十郎の林家が持っていました。ところが、ちょうどその頃、昭和恐慌後の「農山漁村経済更正運動」を政府がやることになりました。農村不況対策と地力《じりき》更正的な今日でいう「町おこし、村おこし」であり景気対策の一環として、政府が「労研饅頭」に目を付けたのでしょう。指定者組合というのを作り、これを通じて普及させたのです。病院の方でも「これは非常に栄養価がある」と確信したということもあり、たくさん

資料８　労研饅頭の商標

表１　各種主食分析表（倉敷労働科学研究所生化学研究室分析）

種類		蛋白質	脂質	含水炭素
二等白米飯		2.41%	0.25%	30.49%
半搗米飯		3.09	0.50	27.97
麺麭		6.81	0.54	57.80
饂飩	煮タモノ	4.86	0.10	25.93
麦飯	麦三合 米七合	3.23	0.71	29.16
饅飩		2.99	truce	19.79
労研饅頭	労働科学研究所製	6.516	0.568	58.13
支那饅頭		14.70	1.29	69.25

注）労研饅頭指定者組合発行『労研饅頭別名労饅』（昭和11年）

資料９

の組合が運動しました。

岡山に残る労研饅頭

倉敷紡績の工場は各地にありましたが、特に松山の工場を通じて松山市の竹内《たけうち》真《まこと》という商店（現在の販売店「たけうち」の前身）に「労研饅頭」は波及します。そマル秘の種を竹内さんが手に入れたらしいのです。それで「わしがこの本家だ」ということで、松山で1軒だけこの「労研饅頭」を売りました。それがずっと今日も続いて残っています。戦時中の経済更正運動が終わるとさびれますが、今も岡山の済生会病院などには売っているようです。駅の弘済会でもかつて午前中だけ一部売っていましたし、岡大の病院でも売っていると聞いています。

ところが、私が『倉敷の歴史』の論文を書くために少し足を使って調べましたら、岡山の宿《しゅく》に三笠屋という小さな工場の事務所がありました。調べたのはもう10年前なのですが、今もあるのでしょうか。そこへ行きましたら、「労研万頭製造販売許可書」というのを持っていて、「うちが本家だ」と言っていました。竹内商店に言わせると「それはどうも偽物だ」というのですが、どちらが本当かは分かりません。さらにもう一軒できたのです。岡山市高島のあたりで、そこへ行きましたら「うちも売っている」と言うのです。社長に会って話を聞いたのですが、どうもそれは孫の孫で、本当の種かどうかは分かりません。竹内さんだけはわが店が本家で「間違いない」と言っておられます。

とにかくそういう形で残っています。「これは栄養にいい」とお医者さんが褒めたので、生き残ったのです。この間どこかの会合で話をしましたら、ある人が「これが労研饅頭だ」と、わざわざ買ってきてくれました。すでに「幻の労研饅頭」になりつつありますけれども、暉峻さんが開発して、もとをいえば大原さんが暉峻さんという人物を見込んだわけですから、労働科学研究所の成果が今でも生き残っているということです。

受け継がれる基礎研究

労働科学研究所は、昭和恐慌と紡績不況の中で、非常に経営が苦しくなります。関係工場内で大原批判が強くなったのです。労研はお金の使い方はそう派手ではなかったでしょうが、美術館がすごくお金を使ったのは確かだったと思います。美術館は少しでも入場料を取れるのでいいのですが、労研は基礎研究ですからほとんどお金になりません。そこで大原さんは、労働科学研究所を大原氏個人に帰属させました。個人経営にしてしまったのです。

崩壊の危機もありました。日中戦争前の昭和11（1936）年、研究所の創立15周年がありましたが、この年の12月末に研究所を取りあえず解散したのです。戦時下になると、完全な産業報国会として国家の戦争政策に貢献するという政策の中におかれました。ところが、心ある人が職員にもいたのでしょうか、昭和12（1937）年1月、東京の青山師範跡に移転して、「日本労働科学研究所」を再び創立することになったのです。これは日本の産業衛生上、意義があることだということになりまして、その後世田谷区のほうに移転して、今日の川崎に移転しました。私も岡山県史を執筆するときに1回か2回行きました。現在の労働科学研究所の写真がありますが、立派な建物ができました。財団法人労働科学研究所です。もちろん文部省（現文科省）からの補助金、その他があったのでしょうけれども、なかなかこれも経営が苦しいのです。

日本産業衛生学会というのがあります。これは、医師を中心とした公衆衛生などに関する学会です。地道な、あまり派手ではない基礎研究、しかし非常に重要な研究を行っており、『産業衛生学雑誌』も出しています。その中には、一つは先ほど申しましたような労働者の呼吸器系の問題、衛生上の問題、環境公害もあります。最近では新しい問題もありまして、今も訴訟になりましたが、川崎には大変交通混雑する国道の大気汚染問題がいくつかあります。国道が交差する場所では大量の排気ガスが出るため、大気汚染が重大な問題となっているのです。東京の大気汚染も深刻ですが、ぜんそく患者と工場側や自動車側との和解が成立しました。川崎の工業地帯は、単なる工場の環境問題ではなく国道の汚染問題もあって非常に深刻です。

余談ですが、日本の都市環境問題をいち早く取り上げた東京の環境団体があります。私の先生の一人で、柴田徳衛《しばたとくえ》という人がいます。東京都の公害環境部長をされていた時自動車メーカーを相手取って環境汚染訴訟をやったのです。当初はなかなか自動車メーカー側の企業が言うことを聞かなかったのですが、大手自動車企業との和解契約が成立しました。すると、日本の自動車は環境対策や排気ガス対策ができているということになって、日本車が世界で大変よく売れたという皮肉な結果が出ています。

この労働科学研究所は、非常に地道な研究をしています。それが全部大原さんの方針かどうかは分かりませんが、今日もそれが脈々と受け継がれているということで、当初からの大原さんの貢献があったことは間違いなかったと思います。

「生涯一片青山」

石井十次との関係の話もしなくてはいけないのですが、時間の関係で省略します。大原さんというのは精力的な顔をしています。そして石井十次も精力的な顔をしている人で、両者は非常にタイプが似ている気がするのです。性格が似たところがあるのでお互いに意気投合したのでしょうか。孫三郎は十次の岡山孤児院の支援も致しますが、石井十次ももし実業家でしたら、もっと事業に成功したのではないかと思ったりします。

孫三郎氏の意思を継いだのがご子息の總一郎氏です。この總一郎という人は、文化的な面、美観地区の形成、倉敷の民芸運動などにおいて、貢献が大きかったと思います。今、『倉敷春秋』『高梁川』という雑誌があり、高梁川流域連盟というのができていますけれども、特に高梁川流域連盟は總一郎氏の構想です。最近、大原謙一郎氏も新聞などでおっしゃっているのですが、流域というのを一つの横の文化圏と考えます。これが日本の分権型社会の中で非常に重要な位置を占めると考えられます。中央と地方の縦の関係ではなく、地域間の横の自治体や住民、市民の関係です。関係市町村の共同により、高梁川流域連盟ができているわけです。もし倉敷市が岡山百万都市に合併していたら倉敷の地名は消えたかもしれません。倉敷の地名が残ったのは、何といっても總一郎氏の陰の力だと思います。總一郎全集を読みますと、環境問題などは大変よく書いてありまして、非常に見識があった人ではなかったかと思います。總一郎氏は少し早く逝かれましたが、孫三郎氏の意思を受け継ぎ、非常に大きな存在の人であったということを申し上げておきたいと思います。

　大原孫三郎（号は敬堂）の「生涯一片青山」という額が確か倉敷紡績の記念館に掲げられていたと思います。これは、孫三郎が亡くなる2週間ほど前の昭和18年1月2日の書き初めの書で絶筆とされているものですが、「青山」は木が青々と茂った山で落ちつける場所のことだと思います。生涯にそれを見出せるのは一片（ひと切れ）しかなかったという孫三郎の波乱に富んだ生涯についての自らの信念と感慨を述べた言葉ではないかと私は思っているのです。

岡山県済世顧問制度について

―ドイツエルバーフェルド制度・大阪方面委員制度との比較研究―

山陽学園大学非常勤講師
阿部紀子

はじめに

終戦後の日本において、ＧＨＱが戦後復興とともに戦前日本のあり方の解体を行っていました。この時、ＧＨＱは日本政府に対して、衛生や隣保組織について回答を求めました。日本政府は、その回答の中に「従来の方面委員を市町村長の補助機関として欲しい」と要望しています。しかし、この要望に対し、ＧＨＱは「方面委員は戦時中の隣保組織とのつながりがあり、そのまま当てはめるのは危険である」と大変批判的な態度を示しました。また、それまでの隣保組織の考え方を排除させ、「仁愛の精神」を位置づける制度の必要性を感じたのでしょうか、１９４６（昭和21）年に「民生委員令」が制定され、１９４８年に「民生委員法」が定められました。この記録は、国立国会図書館憲政資料室所蔵でＧＨＱ関係文書の「ＳＣＡＰＩＮ７７５号」として残っています。

一方、「民生委員制度」は、１９３７（昭和12）年に全国に敷かれた「全国方面委員令」が濫觴《らんしょう》である。その全国方面委員令の濫觴として、１９１８（大正７）年に創設された「大阪府方面委員制度」、またその１年早く設けられた「岡山県済世顧問制度」の２制度についても、「民生委員制度史」に関する文献にて、取り上げられています。

文献からみる民生委員制度の前身

「この制度（注：民生委員）は、当初から統一されていたものではなく、各都道府県独自の各種委員であり、その源流は岡山県の済世顧問制度と、大阪府の方面委員制度である」と守屋茂氏は書いています。守屋氏は岡山県社会事業史の先行研究者で、パイオニア的な方です。

また「方面委員を企図した小河滋次郎博士は済世顧問を方面委員の家元と呼び、大正六年十月に岡山を訪ね、済世顧問の創設者笠井信一知事に所見を聞いている」。岡山県済世顧問制度は民生委員の最も前身的なものであると、『方面事業の精神』の著者である柴田善守氏は書いています。

「この（注：方面委員）制度は、19世紀中葉ドイツのエルバーフェルドで創設されたシステムや岡山県で発足を見た「済世顧問」制度から大きな影響を受けたとも言われている」。岡山県済世顧問制度とともに、ドイツのエルバーフェルド制度というものも、方面委員制度を創るにあたって影響があったのではないかと『防貧の創造─近代社会政策論研究─』の著者である玉井金吾氏は書いています。

「方面委員制の源流の1つともいえるエルバーフェルド制度」と、『日本社会事業の歴史』の著者である吉田久一さんは、社会事業史の研究者ですが、方面委員制度の源は、岡山県の済世顧問制度ではなく、ドイツのエルバーフェルド制度であろうと言っております。

次の赤松力氏は、岡山県の済世顧問制度やその他の福祉制度を研究をされている方ですが、「方面委員制度のルーツは何処にあったのであろうか。それはドイツのエルバーフェルド市にあったと思われる」と書かれています。

「今日エルバーフェルド制度が存続しているのは、このプッパータールと日本だけだと、日本のこともご存知だったタイムリンク（プッパータール大学社会学）教授は…」と、こちらは慶応大学商学部教授である小野修三氏が書かれたものです。この小野さんは、ドイツまでエルバーフェルド制度を調べに行かれました。

ですから、「岡山県済世顧問制度」、「大阪府方面委員制度」、「ドイツのエルバーフェルド制度」、この3つが前身といいますか、何らか取り上げられていると考えられます。この3つの制度を見て比較し、各制度の違いについて考えてみたいと思います。

「エルバーフェルド制度」とは

西ドイツの首都ボンをライン川に沿って北上して行きますと、ウッパータールという市があります。この中に、現在は合併して市の一部になっていますがエルバーフェルドという市がありました。このエルバーフェルドで、1853年、銀行の頭取であったダニエル・ハイトの主唱によって、救貧事業が創設されます。

援助方法は、まず経済的援助、金銭給付、現物給付。そして、臨時経済援助。一時困窮の場合、給付および養育費が事業者に補足的に支払われます。1月には暖房補助金も与えられました。住居の必要な人には、一時宿泊所も用意しています。老人で慢性病の方は、養老院に長期滞在できるようにしている。また、病気で貧しい人の保護としては、地域の施療医により、救貧当局によって発行された診察券に基づき、医療処置や薬剤・強壮剤が与えられました。病気が重症であったり、家庭事情が思わしくないために適切な治療を受けられない病人の場合は、公的救貧事業施設に収容し、救貧事務局がその費用を支払う。このような活動が行われています。

留岡幸助と井上友一

最初にエルバーフェルド制度を取り上げたのは留岡幸助氏でした。1896年、米国遊学中の『抑々救貧問題とは何ぞや』という記録に、まず出てきます。

この記録の中で、ロンドンの救貧事業を取り上げ、「エルボルフヒールド主義と救済協会主義がある」と書いています。この「エルボルフヒールド」、スペルは「Elberfierd」と記されており、エルバーフェルド制度について書いているということが分かります。そして、「COS」といわれている「救済協会主義」とともに、2つの主義によって救済事業がなされているということが書かれております。

ドイツは公的貧民救助で訪問制度を取り上げており、イギリスは私的貧民救助で訪問制度を取り入れていないという違いがあります。留岡自身は私的貧民救助について書いていますが、公的貧民救助には触れていません。イギリスの私的貧民救助は、アメリカの福祉思想・救済事業を模倣して取り入れているものです。イギリスの救済活動を、欧州の救済事業として取り上げていますので、エルバーフェルド制度の活動については、全く触れていないということになります。それが、「近世ニ至リテハ、多クハ政府ニテ之ヲ為スニ至リタル。此レ欧州今日ノ現状也。然ルニ米国ニテノ今日ノ傾ハ、救済事業ハ政府ノ手ニアラズ。教会ノ手ニアラズ。即人民ガ協同シテ各事業ヲナスニ至リナリ」と書かれております。ですから、ドイツのエルバーフェルド制度の存在は分かっていた、またはなんとなく知っている。けれども、本来のドイツのエルバーフェルド制度がどういったものなのかを、この当時の留岡は理解していなかったのではないかとみております。

井上友一氏は、1900年4月、パリで開催された

「万国慈善救済事業会議」に委員として出席します。この後の感想として、「エルベルフェルド市の制度が最良の方法であるとなつて、其結果大分各地に広つてきたのである」と、『自治之開発訓練』の中に書いております。また、同年11月から12月上旬にかけてドイツに滞在し、ドレスデン、ライプチッヒといった都市に行き、市行政として実務教育などが行われている模様を一見しております。この滞在中、「万事万物視察するに随て興味出で面白さ限り無之、無尽蔵の愉快を感じ申候」と『井上明府遺稿』の中に書いており、大変興味を示しています。

１９０１年、１９０６年、１９０９年に、井上は数々の出版物を出しました。ドイツのエルバーフェルド制度を見たことも含め、自治や地方行政の振興、また救済事業における防貧とその強化の重要性を訴えた内容をどんどん紹介します。１９０９年の『救済制度要義』の中でも「『エルベルフェルド』主義の救貧制度」を紹介しております。その評価として「同市に行われたるが如き組織そのものを以って、ただちにこれを我が国に通用せんとするも、規模大にすぎて、むしろ事実に適切にあらざるの感あり」、日本に取り入れるのはなかなか難しいと言っています。この当時、井上友一は、農村の疲弊を立て直すために、報徳主義などの「救貧抜きの防貧」をスローガンとした地方改良運動を行っていました。内務省などが中心で、井上自身も内務省の官僚ですから、この運動の推進者の一人でした。「救貧抜きの防貧」を考えていたということは、エルバーフェルド制度については積極的な観点で見ていたわけではないと考えられます。

１９０３年11月5日、留岡幸助は「エミール・ミュンスターベルクとベルリンにて面会」と書いております。この「エミール・ミュンスターベルク」という人は、ドイツのエルバーフェルド制度の研究者で、普及に務めている人物でもあります。この人物とベルリンの労働協会で面会し、種々の実験に関する質問、またミュンスターベルクの著書についても質問しています。17日に留岡幸助はエルバーフェルド市を訪問して、まず、エルバーフェルド制度を最初に唱えたダニエル・ハイトの甥に会います。そして、エルバーフェルド制度を担当している慈恵《じけい》掛《かかり》(ママ)に案内され、慈恵長、つまり制度のトップの人と面会しようとしますが、結局すっぽかされる形となりました。この時、留岡は引き下がることなく、今度は市長に面会を求めます。そして、市長から市庁内教育局長を紹介してもらい、市立孤児院、養老院を直接見て回ります。それらを見て、「実ニ余ガ理想セシ組織ニシテ、頗ル満足ナリ」と感想を書いています。

また、留岡は、エルバーフェルド市の他に、「クレフエルド市」におけるエルバーフェルド制度を取り上げています。しかし、日記やメモ以外に留岡がエルバーフェルド制度について論評しているものは一つもありません。

『田園都市』刊行

日本で初めて公の刊行物でエルバーフェルド制度が紹介されたのは、1907年12月の『田園都市』です。この『田園都市』は、先ほどから出ている留岡幸助、井上友一がいます、内務省地方局有志編纂から刊行されたものです。発行させたのは井上友一で、嘱託を務めていました留岡を始め他の嘱託や試補たちが、その編纂にあたったといわれております。

留岡は、欧米の出版目録を目にした際に、センネットという人が書いた『ガーデン・シティー』の批評文を見て、地方改良に最も関係のある書物だと思って購読し、地方局の書棚に納めておりました。留岡と井上は、仕事が終わると一緒に歩いて帰るのが慣行になっていて、ある時、留岡が井上に「『ガーズン・シチー』《ママ》という本は実に良い本である」と言ったそうです。すると井上が、「それは結構。早速その本を元として『田園都市』なる著書を揃えようじゃないか」と言いました。しかし、2冊で1000ページもある本です。これは大変な仕事になると留岡は反対しました。井上はそれを無視して、いつの間にか1章節ずつバラバラにし、留岡たちに手がけさせたのです。そのことは留岡自身が『田園都市の由来』という題で著述しています。

この『田園都市』ですが、留岡自身、「当時社会改良の好参考書として世に歓迎された」と書いており、また、後に大阪府嘱託となり大阪府方面委員制度創設を企図した小河滋次郎も『社会問題救恤十訓』の中で「此式の詳細を語るは本論の目的とする所では無く、内務省で調べた出版物の上にも見へて居るから、若し其組織の精しいことを知らんと欲する者は宜く就て之を一読せんことを望む」と薦めています。この時に、小河も、関心をよせたということがいえます。

このような流れの中で見ますと、日本にエルバーフェルド制度を導入したのは、井上友一と留岡幸助の2名ではないかと、私自身はみております。

岡山県済世顧問制度の確立

岡山済世顧問制度は1917年に制定されましたが、その1年前の5月18日に大正天皇から「県下の貧民は如何に暮らせるか」という下問を受けます。地方長官会議の最中に催されたご陪食において天皇から、一つの県にだいたい2~3分下問を受ける時間がありました。この時間に、岡山県知事笠井信一は、大正天皇から県下の貧民について下問を受けた。けれども、大正3年の第一次世界大戦勃発後、日本は大変な好景気に恵まれていたので、そのような下問があるなど、笠井には予測もつかないものでした。当然、笠井は奉答できませんでした。

岡山に帰った笠井は、岡山市では1円30銭以下の家賃で借家住まいの人を、その他の地域では県税戸数割賦のうち最低の年間60銭負担している人を調査します。結果、県民の1割にあたる10万3710人余りという数が出ました。その数に笠井は大変驚き、そのまま天皇に奉答するのはよろしくないと思ったようです。何らかの対策を樹立して、その上で奉答しようという決意を固めます。「若干の漢籍や仏典。更には欧米の思想も、一応遍歴していたことが窺われる。わけて静岡県下の報徳社や近世五人組、さてはデュヴィの実際哲学に傾倒していた（エルヴァフェルドシステムには何等関心を示していない）ものの如く、それに農山村の素封家として、報徳主義によって相当の成績をあげていた、藤井静一のあることなどが、直接の誘因となって、笠井式防貧事業システムを確立することとなり、救貧より防貧へ。個人より全村へという、防貧制度が確立したのである」と、専攻研究者である守屋茂氏は書いています。

エルバーフェルド制度と岡山県済世顧問制度の比較

１９１７年（大正6年）２月26日、各郡市長並びに警察署長会議において、「エルバーフェルド制度と済世顧問制度の内容が大変似ている」と指摘を受けております。

エルバーフェルド制度は、市を３６４区、36区の小区に分けています。資料の「済世顧問設置規程」を見て、比較してください。岡山県済世顧問制度では、顧問自身が定めます。要するに、担当区分は自分の市町村内で定めています。１区ごとの委員数ですが、エルバーフェルドでは、12ないしは14人。岡山県済世顧問制度は、第三条を見ると「市に在りては十五名町村に在りては一名」とあります。岡山市だけが15名、残りの町村はどれだけ数の多い町村であっても1名ということです。

1人の委員の担当数は、エルバーフェルド制度では3人もしくは3戸となっております。けれども、岡山県済世顧問制度では、自分の担当している市町村全域が担当区域となります。たとえば倉敷なら倉敷全域が担当、高梁町なら高梁町全域を1人が担当です。

エルバーフェルドでは委員長を定めています。12～14人のうちトップを１人選ぶのです。済世顧問制度では先ほども説明しましたように、町村部は１名ですので委員長を選抜する必要もない、むしろ選抜できない状況です。

人選ですが、エルバーフェルド制度では、銀行家・商人・学者・医師・弁護士・小学校教員・宗教家・地主・家主など、名望家、素封家などと呼ばれる人。済世顧問設置規程では、第五条に一から六まであります。「一．人格正しきもの　二．身体健全なるもの　三．常識に富めるもの　四．慈善同情心に富めるもの　五．市町村内中等以上の生活を営み少なくとも俸給を以って衣食の資に供せざるもの　六．忠実勤勉其の職務に尽すべきもの」とありますが、実際選ばれているのは、篤志家、名望家、または大会社の社長、銀行頭取、弁護士、医者、工場長といった人たちでした。ですから、人選はエルバーフェルド制度と酷似している部分があるといえます（資料1）。

エルバーフェルド制度の選考方法は、市長が名望家

制度名	エルバーフェルド制度	岡山県済世顧問制度	大阪府方面委員制度
担当区分	市を364区、その内36区の小区に分けた	各市町村	小学校通学区域
1区ごとの委員数	12人乃至14人	市15人、各市町村1人	人口平均2500戸に10人～15人
1人の委員の担当数	3人若しくは3戸		200戸以上
委員長	12～13人の委員に、1人の委員長	なし	各区内に委員長・常務委員1名設置
人選（職種）	銀行家・商人・学者・医師・弁護士・職人・小学校教員・宗教家・軍人・地主・家主・篤志婦人	設置規程に該当する篤志家・名望家・大会社の社長・銀行頭取・弁護士・医師・工場長	無産階級者に接触する機会の多い職業をもつ人たち（医師・宗教家・質屋・薬屋・家主・小売業者など）また学校教員・警察官吏・郡区町村吏員等
選考方法	選挙 市長が嘱託	郡市長の推薦。推薦をする場合、五条の資格を有する者の内、関係警察署長及町村長とが協議選考する 知事が嘱託	郡区長及び警察署長からの具申に基づき、府庁においてさらに審査する 知事が嘱託
任期	3年位	無任期制	無任期制
事務所	市役所	各顧問が設けた事務所。	小学校・神社仏閣・委員の私宅
時間	午前7時から8時まで必ず在宅して相談を受ける。	顧問の自由	毎日順番で出勤。時間は自由
給料	有給・無給・両々相半ばする	名誉職	名誉職
対応過程	貧民状況を審査し、毎週定日にて開会される委員長会議に提案。救恤の方法及び程度を議決	調査結果を調査紙に記載。県庁に用紙を送付し、顧問個人で対応していく	調査を行い、カード（第1種・第2種）に記載。各家庭の問題解決に奔走
連絡体制	市中の学校・役場にて、集会を開く	各済世顧問同士が集合して、連絡をとるまた郡内においても連絡協議を行われた	毎月2回、区域内委員で事務・打ち合わせ。月番委員会・常務委員連合会にて調査報告が行われた

注：『小河滋次郎著作選集　中巻』小河博士遺文刊行会、1943年、P.258～P.518
『岡山県済世制度二十年史』、岡山県社会事業協会、1936年
『留岡幸助日記第二巻』、留岡幸助日記編集委員会、1979年、P.360～P.361
『済世顧問と方面委員』、岡山県学務部社会課、1930年

資料1　エルバーフェルド、済世顧問、方面委員の比較表

の中から適当な人物を選んで、委員を嘱託しております。では、済世顧問制度はどうかといいますと、第四条のところに書いております。「郡市長前項の推薦を為されんとするときは第五条の（先ほどの一から六まで）資格を有する者の内より関係警察署長及町村長と協議詮衡するものとす」。そして、郡市長から選ばれた人を知事が嘱託する。エルバーフェルド制度と似ている箇所があると思います。

任期は、エルバーフェルド制度では3年。岡山県済世顧問制度では、無任期制となっています。

事務所ですが、エルバーフェルド制度は公的ですから、事務所は市役所です。留岡幸助が慈恵掛を訪れたのも市役所でした。ですから、そのまま市長へも直談判に行けたのです。

委員制度の時間は、エルバーフェルド制度では、午前7時から8時までで、必ず在宅して相談を受けなければならない。朝、仕事に行く前などを相談時間としてあて、この1時間は決して家から出てはならないと決められています。済世顧問制度では、顧問が訪問する時間を決めて「今日何時何分に行きますから」と言い、訪れて相談を受けるという違いがあります。

対応過程としては、エルバーフェルド制度では、委員長が各担当区分から集まり、毎週定時に話し合いなどが開催されます。済世顧問制度では、岡山市は最も多くて15名顧問を置くことができますので打ち合わせ会などを行うことができますけれども、各市町村では行われません。郡単位では集まることができますが、話し合いなどは少なかったといわれております。

このように、ドイツのエルバーフェルド制度と済世顧問制度には、似ている箇所、似ていない箇所があります。ですから、笠井がドイツのエルバーフェルド制度に全く興味・関心を示していなかったと守屋茂氏が書かれていることも、制度を比較したならば考えられることかもしれません。

しかし、事業の対応にはよく似た部分があります。この点から、ドイツのエルバーフェルド制度を参考にしていないということに疑問をいだく人が多いのも当然といえます。

成立過程の矛盾から考える

岡山県の県当局は、1917年3月20日『済世顧問制度概要』を印刷刊行し、内務・警察部長より通達、書面が送られております。その中で、「近時欧州諸国に於て人口の増加に伴い貧民救助費の多額を要するに至れるも、エルベルフェルド市の如きは人口の増加率に比較的小額なるは、全く此の制度が完備し隅々までも根本的に行届いているお蔭である。・・・貧民の相談相手になりて、偉大なる効果を挙げて居ることは、大に参考とすべきものである」と高く評価しています。

ですが、1917年11月12日、制定されて半年後の通常岡山県会において、県当局側は「済世顧問を設くるに就き調査したるに、稍似たる事業が外国にも在るを知れるが、これは本県にて設置後に聞けるなり」、要するに、外国の事業は済世顧問制度設置後に聞いた、と述べております。3月20日と11月12日の内容に矛盾点が生じていることが分かるかと思います。

参考にしておいて、なぜ笠井はエルバーフェルド制度について参考にしなかったと言っているのか。他の制度や他の東洋西洋の思想などを参考に沈思し、済世顧問制度制定に至っているにもかかわらず、ドイツのエルバーフェルド制度を全く無視した形をとっている。これはなぜなのか。その点、疑問が生じたところです。

笠井信一の『済世顧問制度之精神』は、創設するにあたって自分の考えをまとめた書物です。その中に、「喧嘩の予防」・「済世顧問の名前」として、エルバーフェルド制度を意識しているような箇所がありました。たとえば、「喧嘩の予防」というところで、「形をまねるは想像するより気楽で、手っ取り早く利口のやり口と思われる。我が国は、すなわち模倣が得手なるを以って外国にその匂いがあれば直に移入する精神は、外国魂でも形骸を捉えずにはおかない」ということを書いております。また続いて「然るに、防貧事業の我が国に無いのは、外国に無いからだとある人の云ふのは、悪口計りとも云へない。然し、図るべくお手本なくとも我等は職責上何とか防貧方法を案出せねばならぬ」と書いています。

「済世顧問の名前」では、「かの救済委員だとか、なんとか委員とか称して、貧者の友と離れて上位に立ち世話をするという如き浅薄の考えであってはならない」。実は、このドイツのエルバーフェルド制度の委員名は「アルメンプレーゲル」と呼ばれていますが、「救済委員」と和訳されています。小河滋次郎の『社会問題救恤十訓』に、ドイツのエルバーフェルド制度というのは「救済委員（アルメンプレーゲル）だ」と書いてあるのです。ということは、笠井が「かの救済委員とか…」と言っているのも、エルバーフェルド制度を指しているとみることができると思います。ですから、全く参考にしていないというより、あえて参考にしないようにしたのではないか、と私自身は考えています。

笠井知事の意思とは

では、なぜあえて参考にしようとしなかったのか。この点ですが、やはり天皇への奉答を考えたのではないか。自分の恥を返上するためにも、我が国独特の制度を創ろうとしたのではないかと考えます。彼は、『済世顧問制度之精神』の中に次の歌を取り上げています。「県守りこゝろにかけよしつかやの　かまとの烟りたつやたゝすや」これは明治37年に、「あかたもる人に問ひみむ民くさに　かかる恵の露はいかにと」これは明治38年に、明治天皇が詠ったものです。

資料の最初に、笠井の年表を提示しています。笠井が初めて地方長官に就任しているのは、明治40年1月11日岩手県知事。それまで、熊本県事務官、新潟県書記官と就いております。ご陪食、または午餐会というものは、新聞記事でしか調べておりませんが、だいたい地方長官が参加するもので、事務官とかが参加していたという記述はありません。ですから、この歌を知ったのは、明治40年以降であると考えます。

笠井は、自分はいかに「かまどの烟り」に注視していなかったか、自分は「民くさ」に恵みの露をあげていたのだろうかと反省し、自分を「凡倉知事」だと記しています。ですから、このまま次に大正天皇に会って、貧民の数だけを奉答することだけは避けたい、必ず次の際に奉答する意欲をもっていることも、『済世顧問制度之精神』に書いています。

歴代の知事や、また笠井自身も、地方長官会議に参加のため上京し帰ってきた際には、「知事のみやげ話」が山陽新報などで掲載されていました。だいたい歴代の知事は、こういうことがあったということを記者に報告し、それを基にして記者が書いていた。けれども、笠井は自分で原稿を執筆し、新聞に掲載するという形をとっていました。しかし、この大正5年5月の地方長官会議から帰ってきた時は、笠井は「知事のみやげ話」を唯一掲載しておりません。そのくらい奉答できなかったことを恥だと受け止めていたのだと考えられます。ですから、天皇奉答にあたっては、岡山県独自の、日本全国どこにもない社会事業制度を設けて奉答することが、自分の使命だと思ったのかもしれません。そのため、エルバーフェルド制度を参考にしていないということを誇示したのだと思います。

資料を見てください。先の小野修三氏の『済世顧問制度と笠井信一』によると「笠井は天皇を手段視し得ないがゆえに、また自らの恥と係っているがゆえに、笠井の内面では、天皇と結びつく一定の制度を、笠井の外部つまり岡山県の地方行政というコンテクストでは天皇の名を出すことで精力的に推進することは逡巡が強かったのではないか」と記述されています。この制度は天皇のご下問によってできた制度だということは、外ではなかなか言ってはいなかったようです。ですが、制度を創るにあたっては、やはり県の協力は必要でしたので、県の郡市長

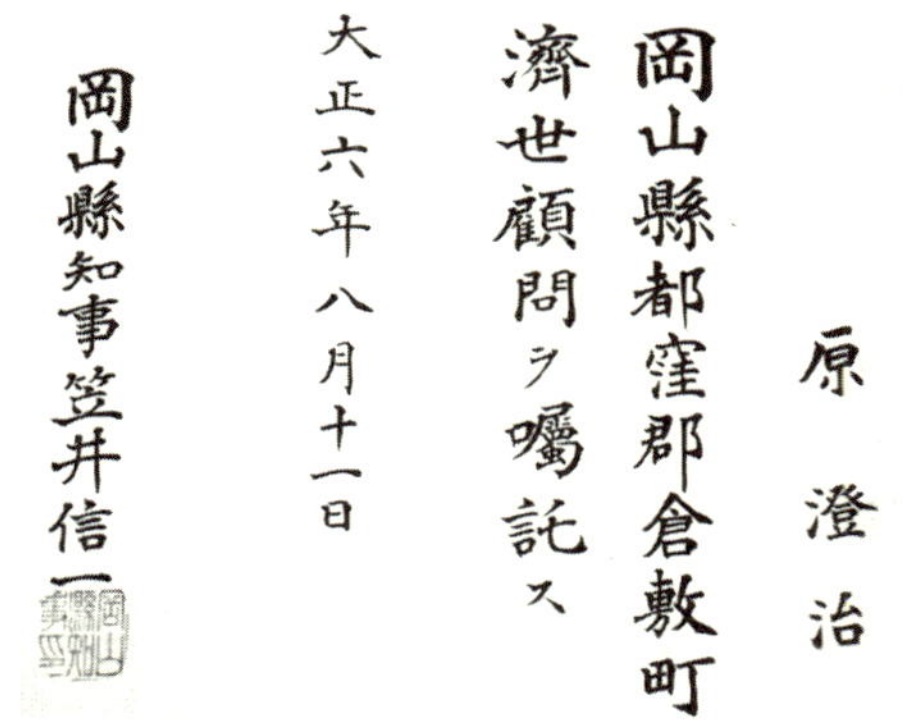
原澄治
岡山縣都窪郡倉敷町
濟世顧問ヲ囑託ス
大正六年八月十一日
岡山縣知事笠井信一

資料2

会議などでは天皇に奉答する意志をもちろん伝えておりました。河本乙五郎氏、原澄治氏は、大正6年の制度制定後まもなく、済世顧問を嘱託されている人物たちです。「…御下問に奉答すべき成果を挙ぐる事が…」「制度創設の動機が聖明の御下問に基因して居るのみか、相談相手の意味から顧問として…」と書かれています。下問の奉答に自分たちも協力できるのであれば、という気持ちから顧問になることを決意した。顧問として自分の力を注いでいこう、という意志を持っていることが見えます。

このように、笠井は、外に向けて、「自分が岡山済世顧問制度を制定したのは、天皇への奉答ができなかったからだ」ということについては一切明かしていない。それはまた、次の「済世顧問制度と方面委員制度」のところでもみることができます。

方面委員制度制定

大正7（1918）年10月7日、大阪府において「方面委員」が制定されました。制度史内にて「『善き隣人』が契機とされている」と書いていますが、「善き

隣人」というのは次のような逸話です。林市蔵府知事が、窓ガラス越しに散髪屋さんに入るみすぼらしい姿の夕刊売りの親子を見て、近くの交番に調査を依頼しました。すると、その母子の主人が脚気で倒れて生活ができなくなり、次女を他に預けて、親子3人で新聞売りを始めたという報告書が出てきた。近くに済世会などがあるのになぜ入らないのか。また、こういう人たちを見落としているのは、自分たちの職務に落ち度があるのではないか。そこから、社会調査・社会測量をすることが重要だと思いついたといわれているのです。

ところが、この「善き隣人」、『大阪府民生委員制度・方面委員制度五十年史』で、方面委員制度は1918年10月7日に大阪府令255号として制定されているけれども、この「善き隣人」の復命書が提出されるのは10月9日、話と日づけが合わないことになります。「善き隣人」の話は事実だといわれておりますが、方面委員制度の気力を上げることにはなったものの、契機となったわけではない。意欲を高めるために必要な話というふうに受け止められているそうです。

方面委員制度と岡山県済世顧問制度の関連

林市蔵府知事は、次のように言っております。「大阪の方面委員制度は岡山の済世顧問制度を参考にしては居らぬ。大阪独特のものである。笠井君の考へた様な顧問では、貧乏人の仕事が出来ぬ。方面委員は第〇流の人物でよいのだ」と。これも先の守屋茂氏が書いていますが、この守屋氏は大正14年から昭和十何年まで、岡山県の社会課で嘱託を務めた人物です。ですから、直接済世顧問と接していた人物でもあります。社会課嘱託ということで、林市蔵知事に直接質問することができ、その答えがこのようなものだと提示されたのが、先ほど読んだ林市蔵府知事の言葉です。林自身は、「大阪府方面委員制度は方面委員制度、岡山県済世顧問制度は済世顧問制度だ」と言っています。

けれども、こちらの制度を企図しました小河滋次郎は、「方面委員制度の先駆者は此の済世顧問であるといはざるを得ない」と言っております。ですが、ちょっと尖った見方をしたならば、このせりふを言った場所というのが、静岡県です。この当時の静岡県知事というのが、岡山県で大正5～6年に内務部長を務めておりました道岡という人。その顔色を伺うと言うとおかしいのですが、そういうこともあって言ったせりふかもしれない、という見方もあります。ただ、お手本であるといわざるを得ないと断言しているのは事実です。

なぜ、お手本であるといえるのか。お手本である可能性ですが、大正5（1916）年4月23日、まだ済世顧問制度が制定される前、小河は岡山に向かいます。石井十次銅像除幕式などが終了後、笠井を訪問して済世顧問制度について話を聞いております。資料は、訪問中笠井がこのように述べたと、小河が自分で書いたものです。

「都会と地方との関係を調節せんとするが済世顧問発生の動機の一つなり」と笠井は述べており、天皇家の下問については触れなかったようです。また、「済世顧問制度は宜しく各個人の性情能力に応じて之に適当の自営の道を得せしむるの助力を為すべし」「済世顧問は貧困の原因を討滅するを任務となすが故に将来貧民となり社会に累を及ぼすべき者に対しても、相当の注意と訓戒を加ふることに努力すべし」、例として「プロベーション・オフィサー」と書いています。これは、アメリカの保護観察制度です。

この保護観察制度についても、小河は自分の著書『社会問題救恤十訓』の中で取り上げています。大阪府も救済研究を行っており、その中で、『救済研究』という機関誌を出していますが、済世顧問制度制定の2年前に、アメリカの保護観察委員（プロベーション・オフィサー）についても説明をしていたそうです。小河は自分の著書の中で、ドイツのエルバーフェルド制度に多大な関心を寄せていることを書いていますが、もともと小河は監獄学の研究者であったことから、保護観察委員（プロベーション・オフィサー）に関して研究をしていた。この2つを併合したすばらしい新制度、それが済世顧問制度だと期待を持っていたようです。よって、大阪府救済研究会発行の『救済研究』に笠井の済世顧問制度について紹介という形で掲載しているわけです。

済世顧問制度に対する評価

1917年12月号に、「笠井式済世顧問施設について の所感」を掲載しています。この中の記述によると、1916年11月5日に「第4回全国救済事業大会」というものが行われました。そこで、「各市町村の名望家に救済委員を嘱託し、救恤に関する任務に当たらしむる可否」ということが、小河がいます大阪救済事業同盟会から提案されています。岡山市以外は1名、しかも名望家に救済委員を嘱託するという制度がいいことなのか、悪いことなのか、ということです。どうもドイツのエルバーフェルド制度と併せてこの制度は成っているわけではない、と小河は感じたようです。「笠井式済世顧問制度についての所感」では、ドイツのエルバーフェルド制度を取り上げ、済世顧問制度はこういう曖昧さがあると指摘しています。

『救済研究』第6巻第1号では、済世顧問設置規程の説明として、「済世顧問設置要義」を掲載しています。これは、笠井信一が掲載させてもらったのであるか、それとも小河が頼んで笠井に書いてもらって掲載したのか、その点は明確ではありません。この中で、エルバーフェルド制度ではこうであるが済世顧問制度ではこうだ、というような比較検討で答えた文章が掲載されています。「済世顧問制度はきちんと機能しますよ」とか、「ドイツのエルバーフェルド制度はお金がかかるけれども、済世顧問制度はお金がかからない制度だ」などと紹介しております。

ところが、資料に書いておりますように、小河が方面委員制度を制定するにあたりましては、人選について、「無産階級者に接触する機会の多い職業をもつ人々」として、「堂々たる肩書きを持つ偉い人物とか、巨万の富を有する資産家とか、官公吏其他の公職に在る知名の人達」は、実際やむを得ない場合以外は除外する、つまり嘱託しないと言っております。方面委員制度では、たとえば薬屋、小売業など、町中で普通に顔見知りになって普通に話ができる、そういった人たちのほうが調査を行うにしてもやりやすいであろうと。中には宗教家などもいますが、済世顧問制度のように必ずしも名望家を望んでいるわけではない。人よりも組織に重点を置いたといえます。済世顧問制度は人に重点を置いておりますので、仕事に関しても、県はどちらかというとノータッチに等しく、顧問にすべてを任せる。しかし、方面委員制度は、社会測量つまり調査を行うことによって、薬が必要な人には薬を出すというように、調査が第一であるということから制定されたものです。

評価が低かった要因とは

では、なぜ岡山県済世顧問制度は期待はずれな状況となったかという点を、次に取り上げてみます。

まず、活動が不明瞭であったということ。大正6年11月12日、海外の制度については済世顧問制度設置後に聞いたのだと言った日ですが、この時に平川廣三郎議員という人が、「其の後の経過に徴するに活動を観ざるが如し」、済世顧問制度の活動が見えないと指摘しております。この点に関しまして、当時、県の嘱託でありました花土文太郎という人が、「顧問の推薦を受けた連中が、是亦有難迷惑を考へて一向に活動をして呉れぬ」と、後日『岡山県済世制度二十年史』で回顧録として書いております。また、高橋慈本という済世顧問も、自分たちの活動について、「三ヶ月や五ヶ月で遂行したものは一つもない。家庭の整理から人の問題まで片付けるには二・三年の時を要して居る」、しかも、二・三年を要しても完全に遂行できたわけではないんだ、と述べております。顧問が市町村に各1名というのは、活動に限度があり、1名では何人もみることができない。つまり、済世顧問の活動が不明瞭であるということがいえます。

また、顧問や県当局が消極的であった。この点について、済世顧問である原澄治氏は、「顧問になったらどうしたら善いのか、などと意見を聞かれた人も時々あった程で、只救貧と防貧とを目的の相談相手と云うこと以外別に六ヶしい理屈はなかったのであった。（中略）当時の一般の顧問の考え方は寧ろ消極的であり、従って特別な熱心な人々の所を除いては何だかもの足らぬ感があった…」と回顧しております。池上長右衛門という人も、「同じ世の為に働くと云ふならば今少し積極的に働き甲斐のある仕事、例へば地方産業の興隆とか、或は教育又は政治に貢献した方が遥かに男らしい仕事である。それには救世事業などと云う事は自分達の様な平凡な修養のない者では之を行ふ資格がない。斯様事は世に所謂慈善家、宗教家などの様な人格者のすべき領分であると云う考へを持つて居た」。このような仕事は自分たちには向いていないと受け止めていたことが、回顧として書かれています。また、県の上層部の幹部連たちが、顔をしかめて「時期尚早だ」とか「旨く往くものか」とか言っていたと、先ほどの花土文太郎氏が当時を回顧しております。県は顧問の仕事について顧問自身に任せる、という立場で行っておりましたので、顧問としてはその仕事についてどうしたらよいか、積極的に行うにしても、どういったことをしたらよいか分からない、というのがこの当時の現状であったといわれています。

米騒動による機能露呈

守屋茂氏が「全県下いな全天下を襲い来れる膨湃たる社会不安の大風渦中にあっては、従来の如き則闕主義により、所在点々たる救世顧問の力に以てしては、到底充分を期すべくもなかった」と書いていますが、岡山県1市22町28村で、騒動が勃発します。内務省史によりますと、実は岡山県が全国で最も多いのです。そのうち済世顧問設置町村では、1市8町4村で米騒動が起こっています。『文献』「原敬関係文書」を見てください。明治40年に笠井は岩手県知事になりましたが、原敬も岩手県出身であったため親交が深かったのか、このように文書が残っています。この中で「本縣にてハ一昨年縣会の同意を得て防貧事業を開始致し、市町村に救世顧問なるものを置き、貧民又ハ不心得者の指導者保護者たらしめ候處、其顧問等の平素活動しつつある處にハ暴動も起らす」とあります。「又不安の風も無之、又特に米の廉売を行ハされとも、民心静穏に有之、盖し良く感化の行届ける結果か、該制度ハ別封貴覧に供し候」。日頃活動を行っている所では米騒動は起こっていなかったと笠井は書いております。けれども、先ほど言いましたように、『岡山県救済制度二十年史』の回顧録の中で、顧問としての活動が書かれており、中には個人で顧問として活動を行っている人もいましたが、実際時代の波に巻き込まれたと見るしかないと思います。資料「米騒動発生市町村名と場所」を見ると、特に後月郡井原町では、済世顧問自身の家まで押しかけてきて米の廉売を求められる、ということが山陽新報に書かれておりました。済世顧問自身が被害に遭ったといえます。

次の資料は、大正6年から7年の間に済世顧問となったとされている人たちです。その場所の人口と戸数を書き表したもの。岡山市、都窪郡倉敷町、茶屋町や、小田郡笠岡町、邑久郡牛窓町、後月郡井原町、また上房郡高梁町というように、だいたい町がついている所は、大なり小なり米騒動が起こった場所であったと、地図と比較しながら印をつけていくと分かります。

米の廉売などを行った人たち、山陽新報に載っていた寄付をした人たちを取り上げてみました。これは、済世顧問の仕事になるかならないかは難しいところですが、一点、「都窪郡倉敷町　原　澄治」のところに救済義金提供者：原　澄治（千円）」と書かれております。けれども、資料3を見ていただくと分かるように、原澄治さんは実は二千円寄付していたようです。二千円寄付し銀杯をもらったという賞状のようなものがこちらです。（資料3）

以上のことから、済世顧問は米騒動などの影響も含め、活動が明確でないといった点などから、大阪府方面委員制度は済世顧問制度を参考としながらも、悪い点を補いながら創ったのではないかとみております。

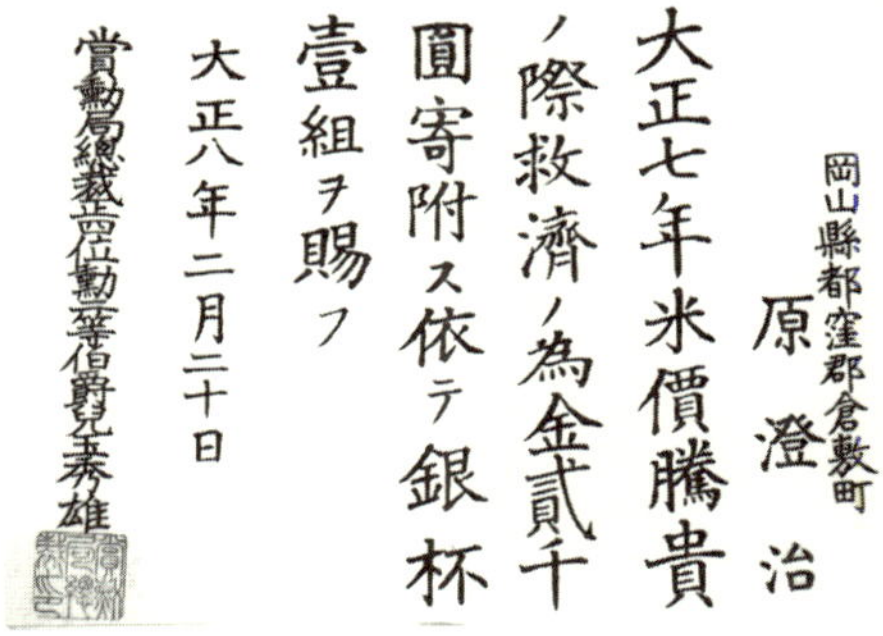
岡山縣都窪郡倉敷町
原　澄　治
大正七年米價騰貴ノ際救濟ノ為金貳千圓寄附ス依テ銀杯壹組ヲ賜フ
大正八年二月二十日
賞勳局總裁從四位勳二等伯爵兒玉秀雄

資料3

瀬戸内塩田の跡地利用

岡山大学大学院環境学研究科後期博士過程
近藤紗智子

はじめに

昨年の10月、岡山の錦海塩田跡地に浚《しゅん》渫《せつ》土砂の処分場を作る許可がおりました。瀬戸内海は坂出のような塩作りのメッカの地で、沿岸にたくさんの塩田跡地が残っているはずです。その利用がどういうふうになったのかを調べてみようということが、私が特に塩田の問題に関心を持ちましたそもそもの始まりでした。ですから、研究を始めて1年にもなりません。今日ここでご報告する内容も、皆さんの期待に応える研究内容ではございませんが、精一杯講演をしたいと思います。どうぞよろしくお願いいします。

製塩技術の発展

これは石川県の珠洲市のホームページから引用したもので「揚げ浜式塩田」というものです。江戸時代、能登半島で盛んにこの揚げ浜式塩田が作られていたようです。その塩田を下のほうから見ていきます。海水をくみ上げて砂地にまき、そして海水が乾燥した砂を集めて真ん中にあるろ過器の中でこし、それを右下のおけに入れて運んでいる姿があります。そのおけを運んで煮詰めて塩を作るといった方法が揚げ浜式方式です。

さらに製塩技術が発展をしていきますが、これが主流になっていく「入浜式塩田」の略図です。塩田は堤防で締め切って潮の干満を利用し、海水を濃縮していくという仕組みです。その入浜式塩田は、江戸時代から昭和33、34年の「流下式塩田」に完全に代わるまで、その役割をずっと果たしてきました。これが入浜式塩田の全景です。

入浜式塩田全景
（出典：『塩業整備報告第二巻』）

最後に製塩技術の革命といわれたのがこの「流下式塩田」です。入浜式塩田と似ている所は堤防で塩田を仕切って、そして海水を濃縮していくところです。しかし、最も異なるところは自然流下の粘土板を作って自然に流下していく間に塩が濃縮していき、その濃縮した海水をササを束ねた枝《し》条《じょう》架《か》に振りかけて風と温度で濃縮をしていく方式です。これまで入浜式塩田で生産をしてきた塩の量に比べると、大体2.5倍から3倍ぐらいに生産量が増えたといわれています。

この流下式塩田に代わって出てくるのが「イオン交換膜」です。流下式塩田は入浜式塩田に代わって導入され、昭和46（1971）年までその役割を果たしました。これに代わってイオン交換膜という方法で塩水を濃縮するという工場が新たに誕生しました。

これはナイカイ塩業の工場です。イオン交換膜を使った製塩というのは海水を電気透析によって塩分の濃い所と薄い所の濃度に分離し、その中で濃いほうを取り出していくという方法で作られてきました。

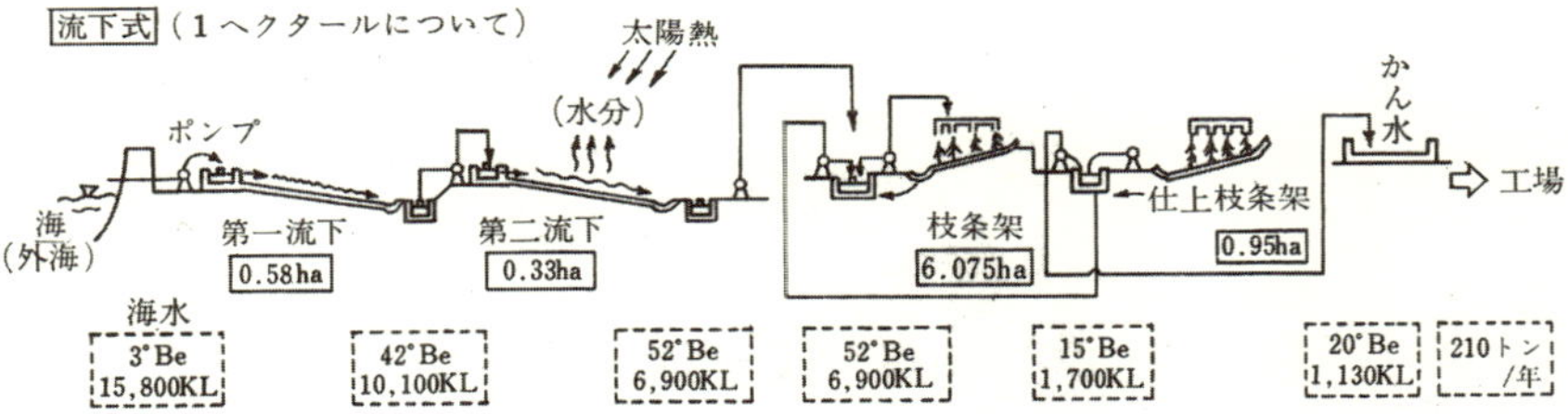

流下式塩田の工程　『塩業整備報告　2巻』日本専売公社、S44年

塩業整備事業による塩田廃止

製塩技術が発達することによって、塩の生産量は著しく増大していきます。戦前の1941年から全国の製塩量の推移を見ますと、製塩量が最も悪くなったのは戦後まもなくの1947年です。それから、次第に塩田の生産力も増強していき、増産計画も次第に効果を上げてきます。1949年には1947年の3.9倍になり、1955年には5.7倍になり、1958年には10.5倍になり著しく増加していきます。この1953年から1958年の間に流下式塩田がどんどん増えて、その普及率は1958年には、ほぼ100パーセントになったといわれています。

しかし、当初目標にしていた製塩量からみると、あまりにも生産量が増大し過ぎたのは、専売公社にとっては大変な悩みです。塩の生産力は上がったけれどもコストが下がっていないということで、昭和34（1959）年から昭和35年にかけて、能率のよい塩田を残していくという塩業整備が行われました。この時の塩田は２００４ヘクタール、塩の生産量は32万トンでした。

しかし、それと同時にパイロットプラントということでイオン交換膜法を使った製塩が続けられました。この第３次塩業整備が進む中で、パイロットプラントの実用化が現実のものとなって確立されていきます。これまでの塩田での濃縮と比べて、イオン交換膜法を使って海水を濃縮して製塩をすることが著しく生産力を高めるということが明らかになりました。その段階で、昭和46（１９７１）年に第４次塩業整備を実施します。その第４次塩業整備で廃止された塩田が２２１２ヘクタールということになります。

第３次塩業整備と第４次塩業整備との違い

第３次塩業整備は、塩田の面積を減らし、能率のよい塩田を残して製塩のコストを下げる生産を進めていくということでした。しかし、第４次塩業整備ではこの塩田がいらなくなってしまいます。今までは塩田を使った農耕的製塩方式による製塩でしたが、イオン交換膜法の化学工業的な工場で作る製塩に代わりました。それで、塩田は合理化するのではなくて廃止するということが明確になりました。三百数十年塩作りに果たした塩田の役割を終え、ある意味では無用の長物という形になっていきます。そこで塩田の廃止で跡地利用の問題が出てくるわけです。

第４次塩業整備による廃止塩田は瀬戸内海にとっては大変な大問題でした。なぜなら、２２１２ヘクタールのほとんどが瀬戸内海に所在していたということが一つです。もう一つ、塩田跡地は塩田面が海面より低位にあるという特徴があります。従って土地利用の時には盛り土が必要になりますから、用地転用の時には費用がかさむことになります。さらに、塩田は温暖寡雨の気候と合わせて河川の流入が少ない地域に立地しています。ですから、跡地利用をしようとすれば工業用水、あるいは都市用水を引いてくるという用水の整備をしなければいけないということです。

昭和47（１９７２）年、高度経済成長がストップし、いわゆるオイルショックが起こります。土地需要は減少していきました。それまでは、高度経済成長に必要な産業のための工業用地がどんどん造成されていきました。第3次整備事業で廃止になった塩田跡地は、ほぼ工業用地に使われていったという経過からみると、この第4次整備事業の塩田跡地というのは、土地利用の需要が減少する社会的、経済的な背景のなかで実施されたという特徴をもつ塩田跡地であったということを念頭に置いていただきたいと思います。

塩田跡地の利用状況

こういう塩田跡地が、どう利用されているかを4県（岡山県、香川県、広島県、愛媛県）調べました。4県の跡地をずっと見てきましたら、この7つのタイプに利用されています。住宅・商業用地、公共公営施設用地、そしてレジャー施設用地、工業用地、農業用地、漁業関連用地、廃棄物処理用地、となっています。まったくの未利用地というのは、私が調査した時には香川の乃生《のう》塩田跡地が残っている唯一の跡地でした。

次にタイプ別に見ていきます。これは住宅商業用地の例です。高松市の周辺にあった跡地を利用して、住宅地や商業用のビルや商店が建ち並ぶ地域です。背景は屋島です。

それからこれは公共公益施設の公園として利用されていました。高松市と坂出市のちょっと坂出側に近い所ですが、県立の総合運動公園になっていました。

これは広島県の瀬戸田ですが、ここは少し特異な所です。手前に見えるグラウンドの下の所は産廃処分場になっていました。この産廃処分場に町が県立高校として跡地を利用しています。

これは詫間の工業用地です。中小企業の工業団地になっています。

これは香川県坂出市の産廃処分場です。香川県では最も大きな総社浜という塩田跡地が産廃処分場になっています。これでは大きさがよく分からないとは思いますが26ヘクタールの土地が産廃処

香川県坂出市塩田跡地に築造された産廃処分場

分地になっています。向こうの遥か彼方に煙突が見えているのが、イオン交換膜で濃縮する工場の煙突です。跡地が遙かに続き荒れ野になったまま残っている様子が、分かっていただけるのではないかと思います。アクセスが悪く山越えをしてこの塩田にこなければなりません。そういった所にできた塩田が木沢塩田です。この跡地は平成15年に産廃処分の許可がなされていますが、看板が大変古くなっていましたので、おそらく昭和50年代くらいから埋め立てが進んでいたのではないかと思います。

香川県坂出市塩田跡地に築造された産廃処分場

次に広島県の瀬戸田に移りたいと思いますが、この広島県の瀬戸田町というのは、生口島にあります。皆さんご存じの平山郁夫の美術館などがある所です。この1から14番までの北側の形をかたどっているのが塩田の跡地です。それから15番から22番までの南側の塩田の跡地がこういうふうにずらっと並んでいました。

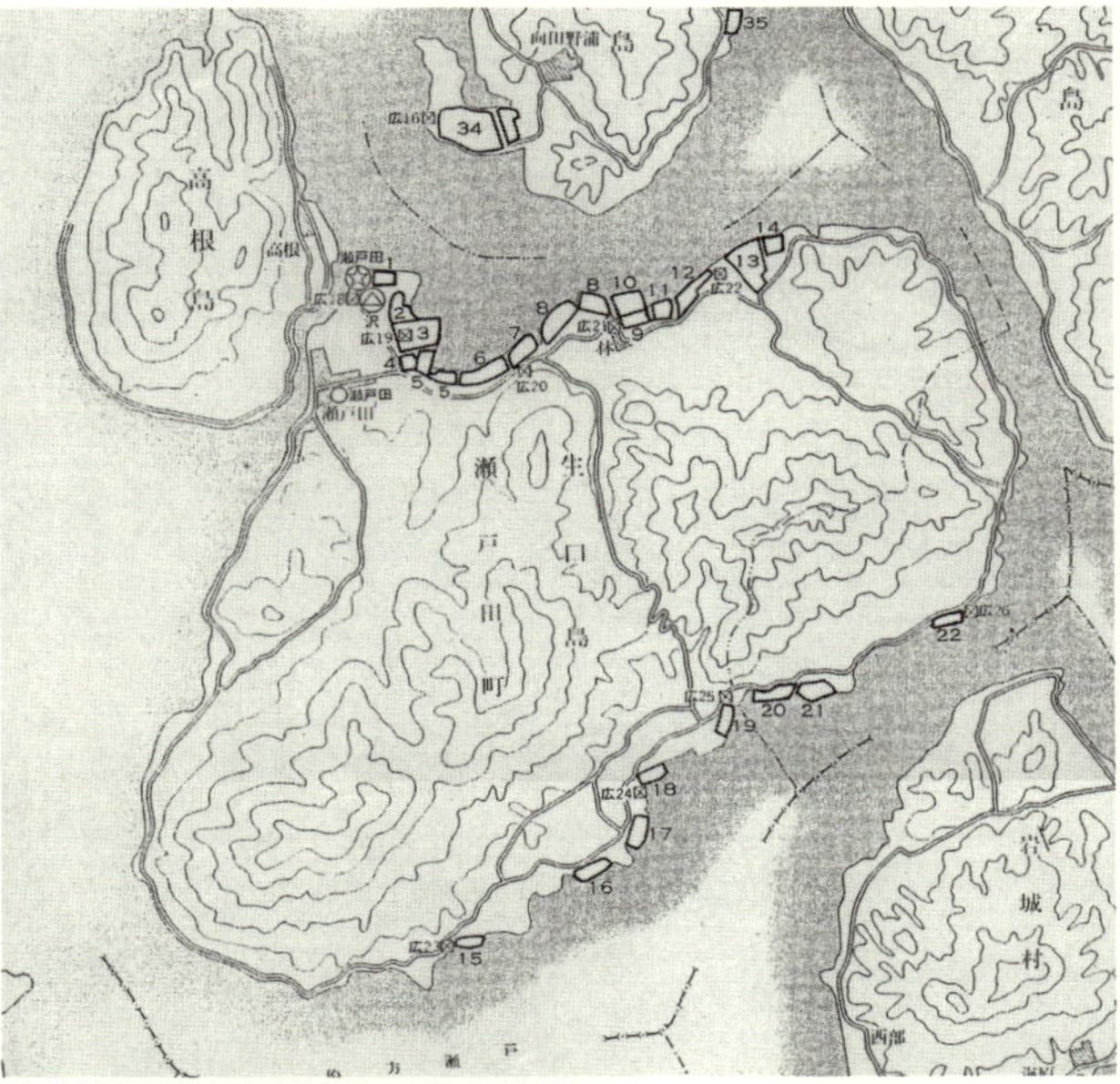

広島県尾道市瀬戸田町の塩田地図

この小さな島の19番までが瀬戸田町と因島市との境界で20番から22番が因島市でした。今回、尾道に合併して全部尾道市になっています。4番は中心地の中でも産廃処分場のまま残っています。そのほかは、中心の商店街が移動してきているという状況です。そして、この二十二の浜のうち4番、7番、9番、10番、11番、12番、13番、16番、17番、18番、19番、20番、21番という塩田跡地は全部産廃処分場になっていました。先ほど地図でご覧になっていただいた二十番浜が産廃処分場になりその後ずっと荒れ地のまま残っています。特に瀬戸田の場合には人口も少なく土地需要が少ない所で、跡地が産廃処分場になった所は荒れ野のまま残されています。見るからに寂れて陰鬱な感じを与える状況でした。

これは愛媛県の伯方浜です。これは珍しく漁業用に使われた塩田跡地なのですが、もう数年前に廃止になったか営業をやめたのではないかと思われるような状況ですから、これもおそらく何らかのかたちで使われるわけですが、おそらく産廃処分場になっていくのではないかと考えられます。

これは香川県の坂出市です。坂出市の乃生塩田です。この塩田は、唯一私が調査をしたときには、未利用地でした。ご覧になっていただいたら分かると思いますが、海面より下に塩田面があるということで、産廃処分場にはもってこいの構造なのです。なぜもってこいかと言うと、流下式塩田は粘土板を張り付けているわけですから、粘土板で不透水の膜ができたということになるわけです。そうすると、周りは囲まれているし、地下に浸透しないという構造になっているから、産廃処分場として別に整備をしなくてもすぐ使えるというのが、塩田の構造上の特徴になることと、産廃を運ぶ業者にとっ

香川県坂出市乃生塩田跡。2006年7月産廃処分場

て、海からすぐ、陸送しなくて直ちに産廃処分場に投入することができるということが、この構造を見ていただいたら分かるのではないかと思います。

　これが瀬戸内市の錦海塩田です。この錦海塩田というのは、写真ではその大きさが分からないかもしれませんけれども、500ヘクタールあります。現在80ヘクタールの産廃処分場を含む200ヘクタールを緩衝地にして、残った300ヘクタールは今度浚渫《しゅんせつ》土砂処分場にするという計画が着々と進められています。しかし、地域の人たちは、ここを埋め立てるということは、生涯ずっと荒れた土地のまま放置することと同じだということと、合わせて元の海に戻せという声が今上がって、いろいろな人たちがいろいろな活動を続けています。岡山県は、野﨑家が「塩田王」といわれた土地ですから、特に大きな塩田の多いところです。

岡山県瀬戸内市錦海塩田跡地

　ここは玉野にあります山田浜です。今90ヘクタールぐらいじゃないかと思いますが、100ヘクタール近くあります。ここは、塩田跡地を地元の人たちや関連企業と協力して緑化をしようといったユニークな取り組みがなされています。しかし、自社処分の産廃処分場もあります。

岡山県玉野市山田浜

跡地利用に影響する要件

沿岸域の利用状況を見てみますと、跡地利用にはいろいろな要件が影響しているということが分かります。既にそういった先行研究はございますが、私が調べた中で特異的なのは、塩田の規模という問題があるのではないかということなのですが、中心市街地周辺にあるか、島嶼《とうしょ》部にあるのかということで、利用のされ方がかなり異なっているということは先行研究の中でも明らかにされています。中心市街地は都市機能を拡充していく用地として利用されていますし、アクセスのよい周辺地ではレジャー施設や工業用地などに使われています。島嶼部でも、瀬戸田のように、一定の人口のあるところや中心の商店街に近いところでは商店や住宅になっていますが、そこから少し離れると、島の中にある跡地の利用は非常に難しいわけです。

もう一つ、塩田の跡地利用に影響するのは塩田の規模が大きいという問題です、アクセスが悪くて都市基盤や産業用の基盤がないところでは、大きな塩田は利用しにくい、開発が非常に困難であるということが言えるのではないかと思います。

そして三つ目には、自治体の対応によっても大きな違いが生じていることが分かりました。例えば、野﨑家が所有していた児島付近の塩田跡地は、結構大きいわけですが、瀬戸大橋架橋に伴う区画整理事業に取り入れられて利用されています。このように、自治体が計画をし、その中に取り組まれていくかどうかということも、跡地利用に影響する要件だと思います。

公共施設用地に利用するという点では、先ほどの瀬戸田がそうですが、瀬戸田の場合には産廃処分場の一部に県立の高校を建設したり、あるいは県立病院を作ったりということで、一部を利用するというふうにしています。企業誘致でも自治体が対応するかどうかということが、非常に重要な要件になっています。

立地が悪く、塩田の規模も大きい、さらに自治体の対応もない塩田跡地利用は非常に悪いということが明らかになりました。三つの要件が集中したところが産廃処分場になっていく、そして産廃処分場になったら二度と再び転用されないという状況があります。塩田跡地の産廃処分場になった所では、錦海湾がそうですし、乃生塩田は、私が調査したときにはまだ未利用地でしたが、それも昨年の7月ごろに産廃処分場にするということが決まっています。産廃処分場になった塩田跡地を自治体が利用した瀬戸田のケースの場合は特別です。しかしその跡地利用も全面的ではなく一部しか利用していません。結局産廃処分場になった跡地の全面利用ということはほとんどなされていません。およそ30年間遊休地として放置されるという現状になっています。

水際が果たしてきた役割

遊休地のまま放置されている塩田は、瀬戸内海のどういった場所かと言いますと、水際《みぎわ》――陸と海を結ぶ接点です。この水際は、陸から運ばれてきた有機物の栄養塩が蓄積され、集ってきた生命がその栄養塩によって養われそれを消費します。このことによって海洋の汚染を防ぐという浄化機能を果たすことと陸、海の生命が交流する場所でもある場所です。いわゆる藻場や干潟、あるいは遠浅という場所の役割でした。さらに、小さな稚魚や貝が産卵し、育っていく、生命が育成される場所でもあったわけです。瀬戸内海にとって、この水際は非常に重要な環境資源です。

その水際をどんどん塩田に作り替えていったという歴史がありますが、塩はそもそも人間の生命を維持するための大切な食品の一つですから、製塩という役割を担っている間は大変貴重なものでした。しかし、その役割を終えたとき、そこにある水際はどうするのか。この問題を考えていかなければならないのではないかと思います。

瀬戸内海の現況

瀬戸内海は、世界に誇る美しい海だといわれています。確かに写真に切り取ると大変美しい。しかし、瀬戸内海の本当の美しさというのは、それだけではないと私は思います。

ここは何かご存じですか。錦海湾に塩田ができる前に小さな流下式塩田の神坂という塩田がありました。第三次塩業整理で廃止される前ですが、この素晴らしい段々畑が、今では雑木の生えた丘陵地帯になっています。昔はこういう人為的な自然が瀬戸内海沿岸周辺や島嶼部にはありました。こういう人為的な自然、例えば、ミカン畑が秋になるとミカンを実らせる、春になると菜の花が咲く、そして田んぼには黄金の穂が実る、そういった景色と青い海、転々と浮かぶ島々、それが大変美しいということで、たぐいまれな美しさを世界に誇る瀬戸内海といわれたのではないかと思います。

岡山県瀬戸内市神坂塩田

アマモというのはご存じだと思いますが、岡山でモガイというのがよく採れていました。そのモガイというのは、アマモが生えているところにはたくさん生まれてきます。工業用地の埋め立てが進む１９６０年、瀬戸内海のアマモ場の面積は2万２６３５ヘクタールでした。90年代にはこれが６３８１ヘクタールに減少しています。埋め立て面積は、１９６５年には非常に少なくて2千ヘクタールぐらいですが、今や3万ヘクタールになっています。藻場がなくなり、干潟がなくなり、そして海砂利までなくなったという状況になってきています。これらの影響が大きいと思われる漁獲量の減少があります、１９８５年の瀬戸内海の漁獲量は49万トン、魚種も多い時代でした。しかし、１９９９年の漁獲量は26万トン。約半減です。

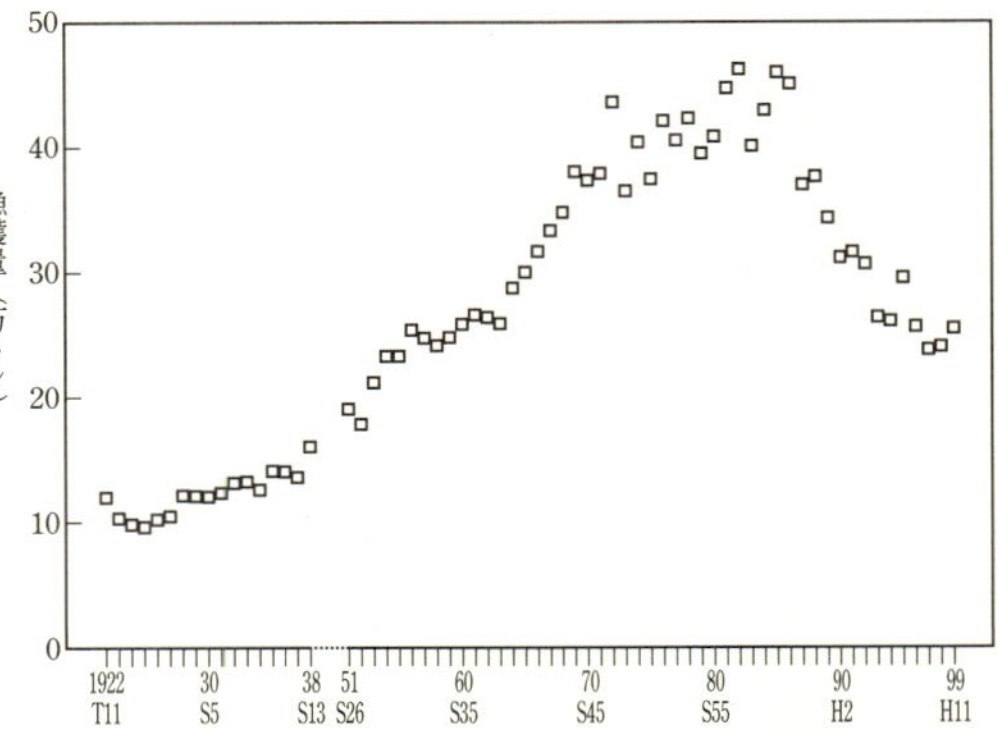

※1951年（昭和26年）は，同年4月から翌年3月までの総漁獲量

瀬戸内海の総漁獲量推移

塩田跡地の自然を再生する

瀬戸内海にとっては大変危機的な状況であるということで「瀬戸内海環境保全知事・市長会議」が、「瀬戸内海多様性を回復するために、干潟や藻場を復元しようではないか」という取り組みをしています。先ほど申し上げましたが、塩田の跡地の下には何があるのか。藻場、干潟があるということを考えていかなければならないのです。廃止された以上は、廃止された塩田を生かすという意味からも、自然再生をするということが重要ではないかということです。

失われた自然をどうにかして復活することができないのかということで、「自然再生推進法」というのが2003年に施行されました。その目的は、「生物多様性を確保する、そして地球環境保全をする」。定義は、「過去に損われた生態系、そしてその他の自然環境を取り戻す」ということです。

今、実際に自然再生が進められているのは、蒲生干潟の再生だとか、あるいは皆さんよくご存じの北海道の釧路湿原です。川が真っすぐに整備されたために湿原が次第に乾化してくるという状況が出てきたものですから、元の蛇行した川に戻すというある意味では大変不合理な感じがしないでもないですが、そういった再生事業にこの自然再生推進法は適用されています。

錦海塩田跡地の再生を

私は、岡山の錦海塩田跡地も、生物多様性の戻ってくる、そういった海に戻すことができるのではないかということを考えています。ただし、「公有水面埋立法」の問題があるということなのですが、公有水面埋立法を適用して作った塩田というのは、錦海塩田だけが該当するのではないかと思います。当面は、公有水面埋立法を見直すというところから考えていくべきではないかと考えます。どういうことかと言いいますと、この法律は、大正10年に最初に制定されました。そして昭和48年に改定されました。昭和48年の改定で、「公有水面の埋め立てをして後10年、その間に転用した場合には、水面埋立の目的を達成しなかったという理由で、元の海に返す」というペナルティーがあるわけです。

そういう点から考えると、確かに錦海塩田は新法には該当しないのですが、なぜそういうことを公有水面埋立法がうたうのかという趣旨を考えた場合に、公有水面というのは、大変重要な国民の財産で、国民の財産を埋め立てて利用する以上は、埋め立てて後利用したときに生み出される価値、それが埋め立てた時より大きいものを生み出さなければならないということを、公有水面を埋め立て人に義務付けているわけです。価値の大きいものをつくりなさいと、それでなければ埋め立ては認めませんよということになっているわけです。そうすると、塩田跡地が産廃処分場に使われて、それで実際はずっと遊休のまま放置されているということになれば、この法律の趣旨を踏みにじることになるのではないかと思います。そういったことと自然再生法とを合わせて、いろいろと工夫しながら、何とか再生することができないのかということは、みんなと一緒に考えていきたいと思っています。

海へ戻すことを最終目標に

再生の段階をどのレベルに落ち着けるかということですけれども、赤穂の海浜公園というのは、塩田の跡地に塩田のミニチュアを作ったり、製塩体験ができる、煮詰める煎熬室を作ったりしています。塩田のことを勉強したり体験したりしながら、緑地で遊んだり潮を引き入れた池でボートに乗ったりできるそういう海浜公園として、地域の経済の活性化にも役に立つ跡地利用になっているようでした。玉野の自然緑地、先ほど申し上げました山田浜の件ですが、こういうふうな自然再生の方法もあるかと思います。赤穂では、護岸を取り外して自然護岸

兵庫県赤穂市海浜公園

兵庫県赤穂市海浜公園

にして再生事業にするというやり方も取っています。

いろいろなレベルの自然再生がありますが、最終的には瀬戸内海の自然を取り戻すということで進めていくために、海へ戻すという方法が取れないかということを何とか模索したいと思います。世界的には、オランダやベルギー、ドイツなどでは、干拓や埋め立てはもうやっていません。そして、埋め立てたり、干拓したりしたところは海へ戻していくというのが世界的な動きです。その中で、日本の水際の問題に対する対処の仕方は、非常に立ち遅れた部分があるのではないかというふうに考えています。

兵庫県赤穂市海浜公園

そういったことで、何とか突破口と言いますか、切り口を開くことができればということで、まだまだ本当にただ駆けだしたばかりなので、十分なご説明ができなかったかもしれませんが、以上、報告を終わらせていただきます。ありがとうございました。

岡山の塩業

山陽学園大学特任教授
太田健一

日本塩業の展開過程

・製塩法の推進

日本の塩作りは、「藻塩焼法」と「揚浜式塩田」、それから「入浜式塩田」「流下式塩田」「イオン交換樹脂膜法」というふうに転換してきました。

流下式塩田に至る日本の塩業は、塩田を基盤とする塩田塩業という、いわば第1次産業の範疇に属するものでしたが、その工程は鹹水《かんすい》を採集する採鹹《さいかん》工程と、鹹水を煮沸して塩の結晶をとる煎熬《せんごう》工程に分かれていました。

日本塩業のイノベーション（技術革新）は、この2つの工程でどのように展開してきたかをみる必要があります。

・「藻塩焼法」と「揚浜式塩田」

藻塩焼法というのは古代の製塩法で、玉野の沖の喜兵衛島という辺りで古代の製塩土器が発見されたりしています。私が関西高校の教員だった頃、生徒であった難波俊成君に頼んで、岡山大学の近藤義郎先生が中心になって喜兵衛島の発掘をやっていた現場に連れて行ってもらったことがあります。小さい島がいくつかあり、そこに海流が流れておりまして、金網でセキをした中にハマチをたくさん飼っていました。食事時にそのハマチにイカナゴをやりますと、すさまじい勢いでイカナゴにハマチが飛び付くという、そういう光景だけを覚えております。古代の製塩土器のことはさっぱり勉強せずに帰りましたので、今日改めて難波君におわびします。

それから揚浜式

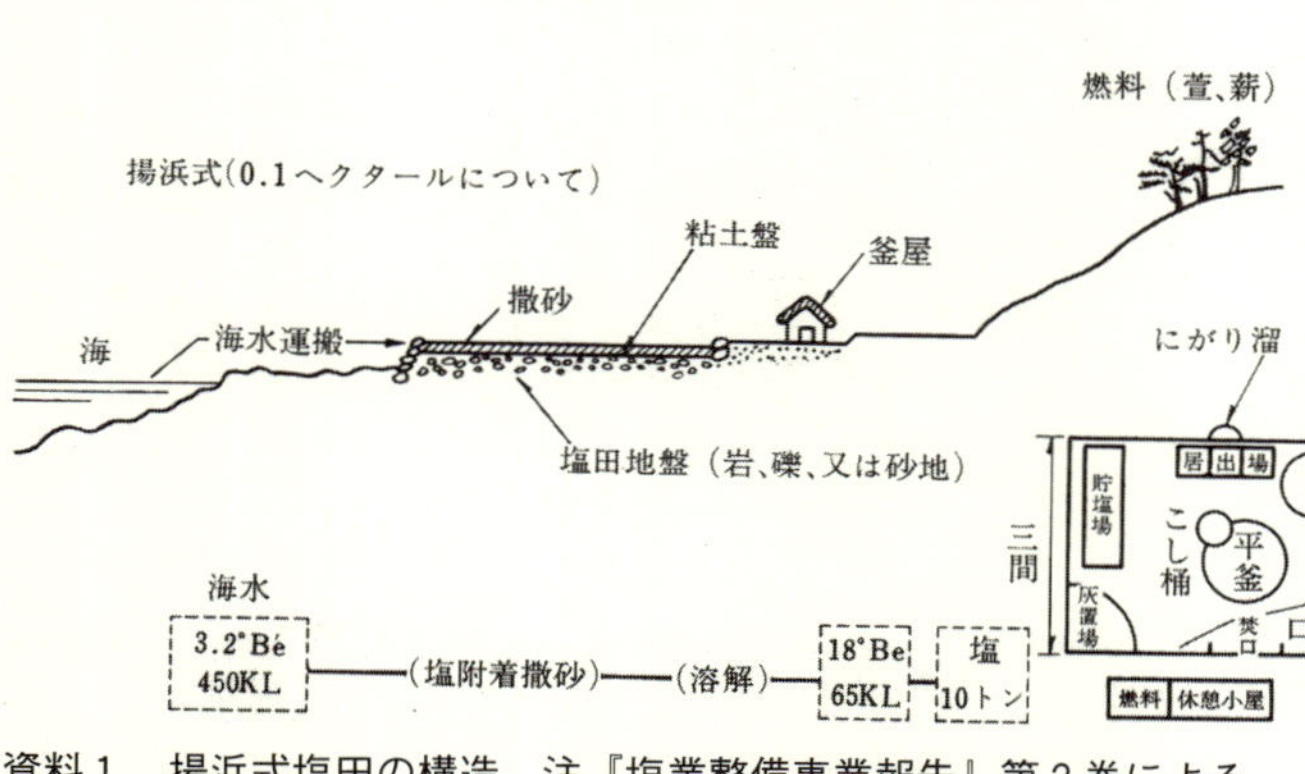

資料1　揚浜式塩田の構造　注『塩業整備事業報告』第2巻による。以下、構造図は同書に依拠。

塩田ですが、これは能登のあたりでということで、資料1をご覧いただきたいと思います。森鴎外の『山椒大夫』に、主人公が海水を桶《おけ》で運ぶという記述があったように思うのですけれども、まさにそういうものです。これは第1次塩田整理で消えていってしまいます。しかし、入浜式塩田が登場するまでは、日本全国に存在したと思っていいもののようです。海の影響を直接受けないところに塩田を作りまして、そこに人間の手で海水を運んできて自然蒸発をさせるという、一種の天日製塩です。それがかなり長い間行われてきたということのようです。

・300年続いた「入浜式塩田」

次の資料2は、歴史的にも一番長く日本の塩田塩業を支えました入浜式塩田です。

瀬戸内地区を中心に発達した入浜式塩田は、四面を堤防に囲まれた干拓地で砂層中を毛管水の状態で、表面に浸み出る海水を徹砂《てっしゃ》で蒸発させて濃縮する仕組みです。

これが瀬戸内に展開するのは、ちょうど徳川幕府ができた1600年頃です。関ケ原の合戦が終わった頃に登場して、18世紀ぐらいには瀬戸内の辺りは全部揚浜から入浜にチェンジできたのではないかと思われます。この方式は昭和28(1953)年まで継続しますから、300年前後の期間、これが日本の主要な製塩法になっていったのです。

この製塩法の特徴ですが、一つは強固な堤防を作るという技術が確立しないと、この塩田は生まれなかっ

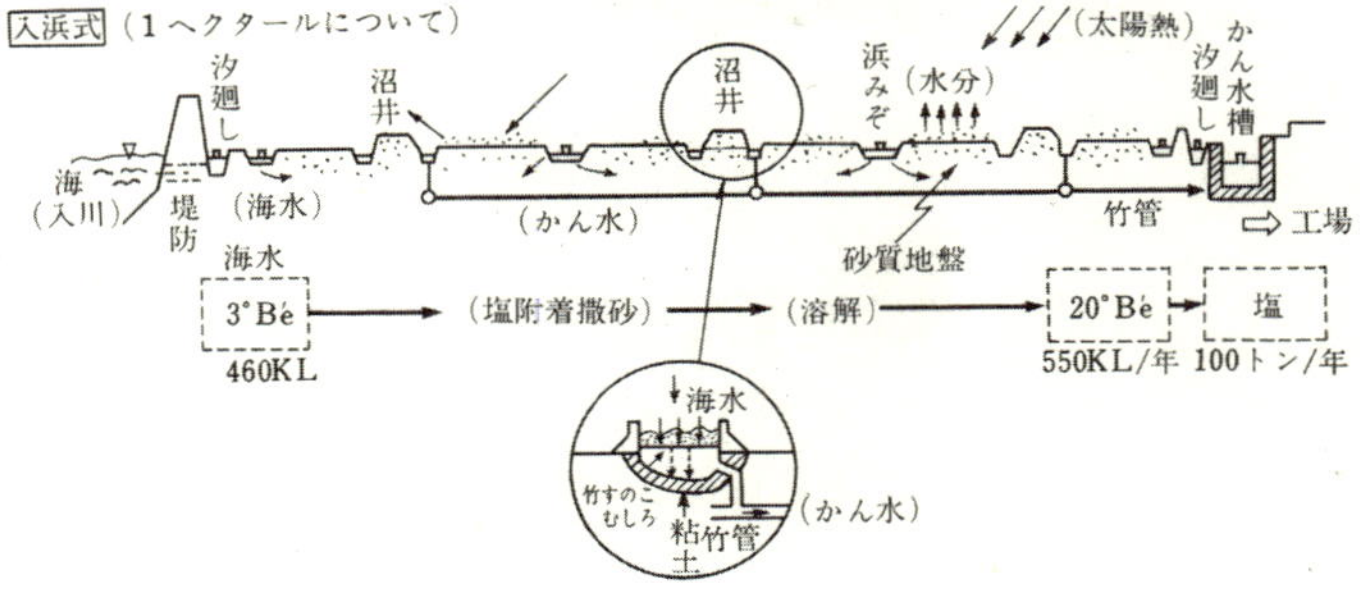

資料2　入浜式塩田の構造

ただろうと思われます。海と塩田の境に堤防を作っていきます。資料の右側に「4」として水門というのがありますが、水門というのは「樋」といえばいいのでしょうか。戦国時代に武田信玄が「信玄堤」というか、土木技術を発揮して河川の堤防を建造していったり、あるいは岡山城をはじめとしてあちこちにお城ができたりしますが、そういう築城を可能にするような高度な土木技術が日本で生まれました。それをこの入浜式塩田でも採用できたのではないかと思います。

入浜式の構造図に「沼井《ぬい》」とか「浜みぞ」というのがありますが、こういうものをたくさん作って、干満の差を利用して塩田に海水を入れ込みます。塩田の地盤の表面に小さい砂をばらまきまして、その砂に毛細管作用で結晶した塩を砂もろとも沼井の中に返してドロドロの鹹水《かんすい》を作ります。それを別の釜へ運搬して、その釜屋で煎熬《せんごう》するわけです。写真は入浜式の全景で香川県屋島の塩田です。

「浜引」というのは、砂に塩分の吸着をよくするために、木の爪を引っ張ってならしていくという作業のようです。それから後、砂をばらまきまして、その砂を集めるという作業があります。これが大変な作業で、恐らく重労働だったろうと思います。

塩田での作業は、それぞれ適当な人数、専門家が振り分けられていました。大体2ヘクタール、つまり2町歩といいますから6000坪という広さで、畳なら1万2000枚敷けるという土地が一つの作業単位になっています。これを「一軒前」とか「一塩戸《いちえんこ》」と呼び、それを差配する頭領というのがいます。その方が、十数人の労働者の適性を生かして修業させながら労働させていくというものでした。塩田での作業ですから何となく農業的なのですが、その中に分業による協業という素晴らしいマニュ形態を組んで運営していたのです。

塩田には沼井がたくさんありまして、1軒ごとに釜屋というのがあります。その釜屋の中に釜が用意されて、そこへ鹹水を運んできて、最後の煎熬という工程になります。その釜を石で作る時代が長かったのですが、高熱に耐えられず石が割れたりするものですから、それを鉄に替えるということが一つの画期的な技術革新になりました。

燃料も、松を中心にした薪から石炭に変わります。恐らく江戸時代の終わりぐらいに、石釜から鉄釜へ、燃料が松の木から石炭へという技術革新が、入浜式において進んでいくのだろうと思われます。高梁川、旭川、吉井川の水系をずっと上って行くと、次第に山があって、はげ山が多いなというところがあれば、それは明らかに江戸時代に塩業の煎熬に用いる燃料に採られているのです。備前焼の燃料使用だけではないと思われます。

・枝条架を用いる「流下式塩田」

昭和28（1953）年頃、300年続いた入浜塩田が流下式塩田に転換していきます。多少その前後で、27年に始まったところもあるし、終わりが30年に

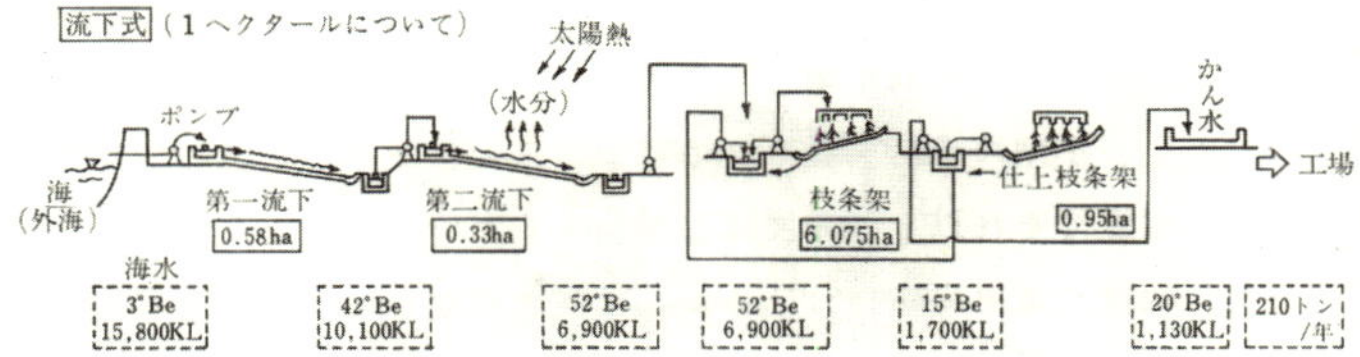

資料3　流下式塩田の工程

なったところもあるようです。

写真（口絵）は東野崎浜の流下式塩田の全景です。現在の内海塩業の本社工場があるところで、「枝条架」が写っている光景を見ることができます。工程の図（資料3）を見てください。堤防を作ってポンプで外海の海水をくみ上げます。第一流下、第二流下というものがあり、恐らくこれが塩田の地盤だと思いますが、これが傾斜しており、ここを海水が流れて行きます（資料4）。その間に毛細管現象、それから太陽熱によって随分水分が蒸発し、かなり濃い塩水、鹹水が取れます。それを今度は電気の力で枝条架の上にくみ上げ、

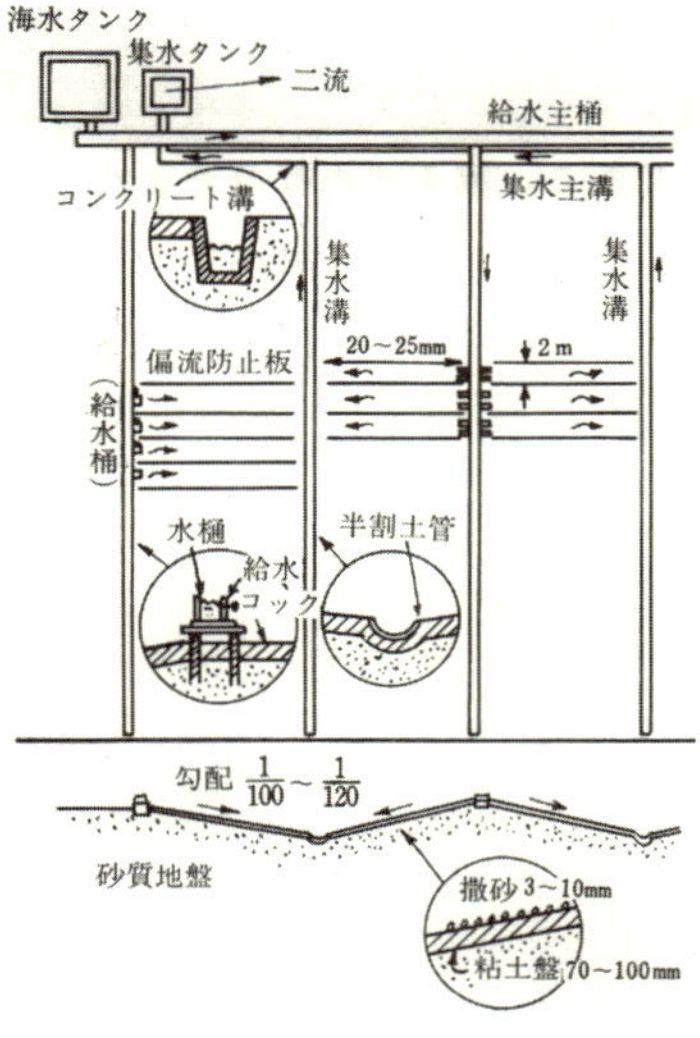

資料4　流下盤の構造

枝条架に落としていくという作業です。これを何回繰り返すのか私にはよく分かりませんが、原理はその枝条架の上に持ってきた海水を下に落としていくというものです。

資料５に枝条架の構造が出ております。かなり背丈が高いです。５メートルから７メートルぐらいの高さに柱を組みまして、それに竹の笹を付けています。私が塩の研究に入ったころは、枝条架が各地にあったのですが、あまりこういうことの勉強ができておりませんでした。しかしこの笹は熊本県産がいいということで、熊本県の笹が非常にこの時期に珍重されたと聞いております。なぜ熊本の笹がいいのかという理由は分かりませんが、恐らくパンダも熊本の笹を一番喜んだのではないかと思われます。

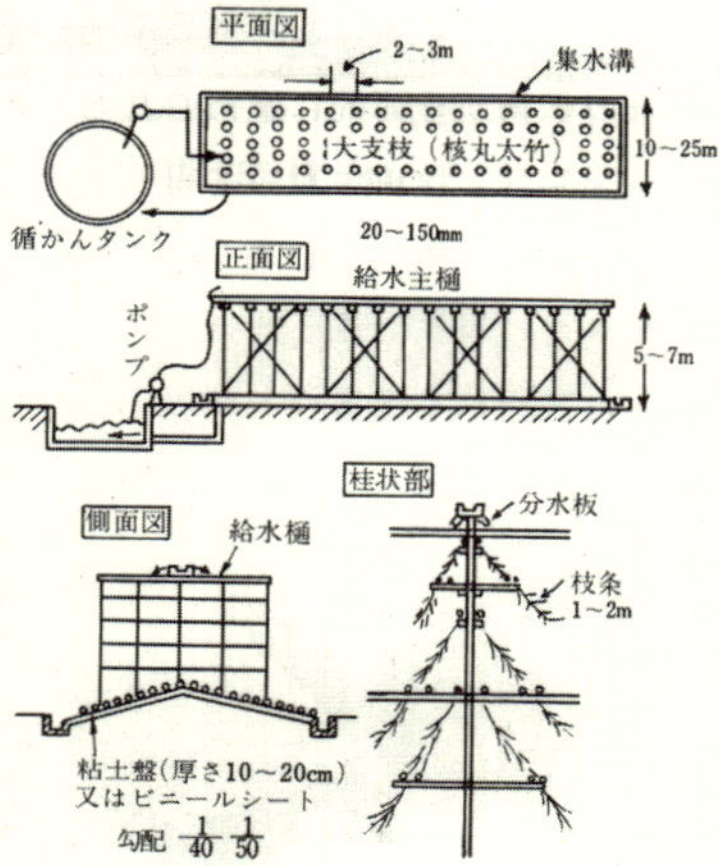

資料５　枝条架の構造

明治になりますと、ご存じのように明治政府は「お雇い外国人」というのを２００人か３００人ぐらい日本に入れました。その中には非常に優秀な方もいらっしゃるし、大したこともない方もいらっしゃったようです。岡山の場合は明治15年ぐらいに関係します。

旭川にかかる桜橋の近くに岡山ガスがありますね。旭川はあの辺りから急カーブしています。私は真っすぐ流れているように思いましたが、よく見るとかなりグーッと東へカーブしているのです。引き潮のときにはそのカーブに沿ってT字形の岩、ケレップ水制というのが出てきます。オランダから採用して岡山にやってきたムルドル（Mulder）―ムルドルと言ったり、ムルデルと言ったりするのですけれども、その方が旭川の下手の児島湾を開墾するときに岡山に残した技術産物の一つがケレップ水制です。上流から泥が流れてきても、その泥が旭川全体にたまらないでケレップ水制のほうに寄って来るのです。昔を思い出しますと、南備海運や東和海運などというのが京橋から小豆島などへ行っていましたけれども、船が対向する場合でも旭川の真ん中から右側、要するに西側を船が行き来しました。絶対左側（東側）を行き来しませんでした。それは、そこにケレップ水制が存在するからです。そういうものが岡山にも作られているのです。

それから、岡山の上水道は日本全国で6番目とか7番目とかいわれていますが、これには英国人のバルトンという技術者の功績が大きいのです。岡山は広島とずっと都市で競ってきましたが、岡山が広島に勝ったことがいくつかあります。中四国農政局もそうです。農政局の中国四国本部が広島に置かれずに岡山の県立美術館の前に置かれました。今は後楽館中学・高校になっています。それはやはり日本で最初で最大の機械化農業が展開した藤田農場が岡山に存在したことの影響だと私は思います。

ほかにも、中四国塩事業センターというのが広島に行かずに岡山に置かれました。これも岡山が広島に塩業の展開で勝ったためのことです。

あとは何が勝ったのかというと、その一つに第六高等学校というのがあります。岡山駅前にもマント姿の六高生の雄姿像があって、先日も私は足をなでて帰りましたけれども、なぜ六高が広島に勝って岡山に来たか。一つには、中川横太郎という明治32年に生葬礼を行って山陽女学校の危機を救った奇人変人といわれている人がおりますが、その方の衛生に関する考え方が岡山に定着していったということが大きいと思います。上水道、下水道、特に下水道の設置です。せっかく有能な青年を集めて高等教育をやろうと思っても、コレラやペストが一発はやったら全部死んでしまうわけです。だから、学校を設置する前に、広島と岡山とどちらがそういう面で対策が進んでいるかというのは、絶対に比較検討されていると思うのです。

それから私がひそかに思っているのは、児島の野﨑さんが貴族院に出ておられまして、この野﨑さんのご尽力があったのでしょう。そのことはいまだに表面に出ておりませんが、その二つの要因によって岡山に六高が引かれたと推測します。

ちょっと話の出発点が分からなくなりましたけれど

も、お雇い外国人コルシェルト（Korschel）の話です。「コルシェルト像」というのがありまして、若い時のお写真で、おそらく日本に来たときがこういうお顔だと思います。30歳ぐらいです。ドイツのライプチヒのご出身だと思うのですが、私が加茂詮先生（現日本塩業研究会会長）のカバン持ちをして、このコルシェルトを向こうに調べにまいった時には、あまり評価が高くありませんでした。ムルドルもそういう感じです。知名度の高い人をピックアップして政府が高給を払って雇っても、必ずしも大した仕事をしなくて、むしろ安月給で雇った人の中に、非常にいい仕事をされた人がいるという、その中の典型だと思います。この人が明治15年の段階で「日本は枝条架を作るべきだ」と言っています。このことについては、後で申したいと思っております。

・「イオン交換樹脂膜法」による技術革新

今までの塩田は第一次産業です。農業と変わらない形で塩を作っています。それがこのイオン交換樹脂膜法により、工場で機械を使って塩造りができるようになりました。そういう意味では画期的な技術革新といっていいと思います（資料6）。

これは私の素人の考えですけれども、まずこの樹脂膜を開発した業者がいます。徳山ソーダ、旭化成、旭硝子の3社のようですが、この3社はおそらく膜を開発するのに相当お金をかけていますから、自分が作った膜をそんなに安く出すはずがありません。それから、海水を繰り返し濃縮していくために相当電力がいります。恐らく中国電力は喜ばれるという問題があります。

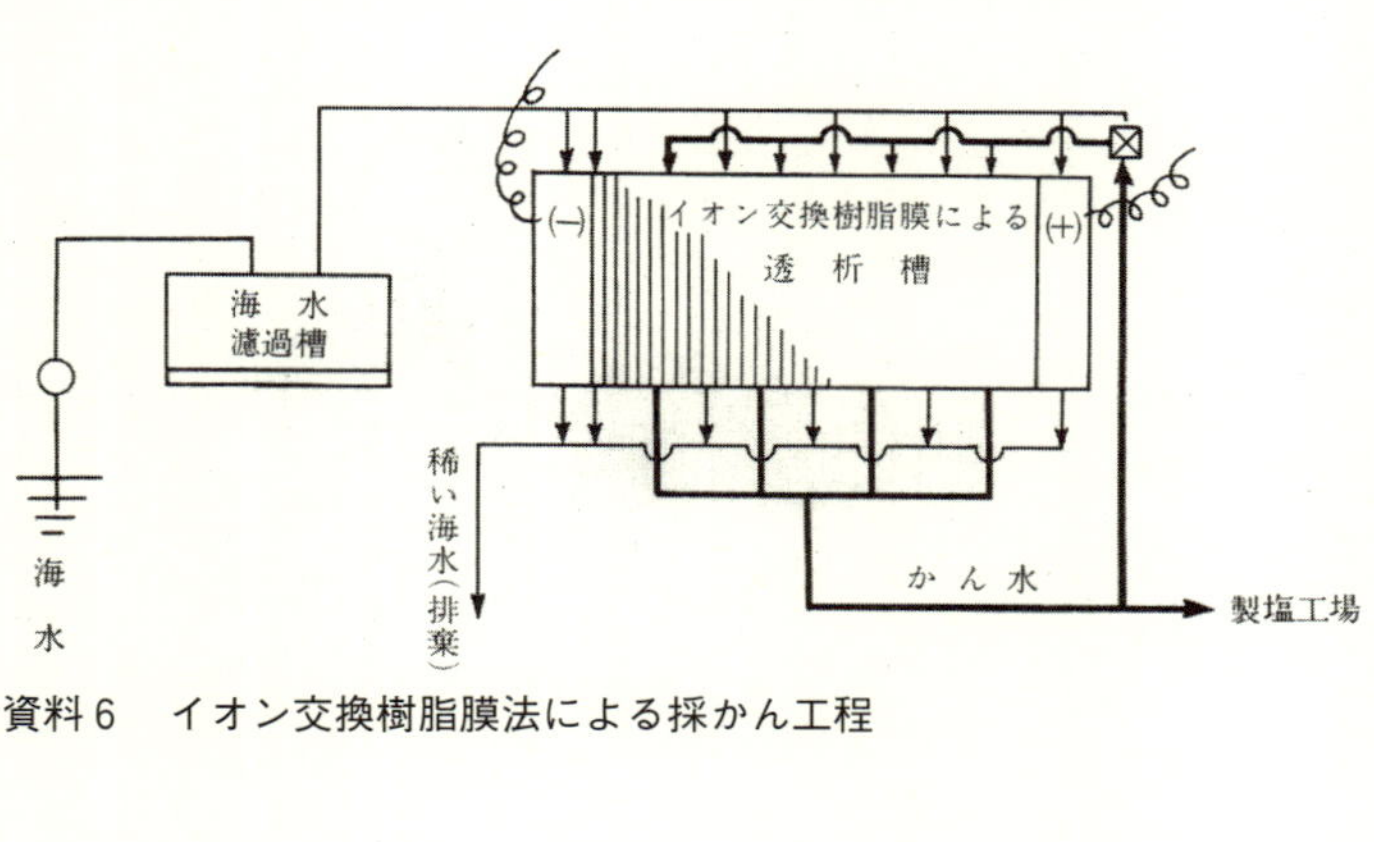

資料6　イオン交換樹脂膜法による採かん工程

日本専売公社のキャリアの人たちは、これを実現するために終始努力をされてきたと思うのです。その結果こういうものができて、この原理をサウジアラビアなどが取り入れ始めました。日本はNaClを得るためにイオン交換樹脂膜を使っているのですけれども、サウジの辺は砂漠を緑化するための水を得ます。海水から水が欲しいわけで、塩でなくて水を得るために300億円ぐらいで旭化成にこれを作らせるということを今始めております。だから現実にはこれが世界にかなり大きな貢献をしていると思います。

次の資料は、最後の工程です。戦後の過程で技術革新は進み、「平釜」から「カナワ式」「真空式」と変化していきまして、次の資料7は戦後、現代の真空式による煎熬で、その装置がここへ出ております。

それから右側にイオン交換樹脂膜法の設備がありま す。これは山田のナイカイ塩業の工場の写真です。その下が全景です（口絵写真参照）。まさに第一次産業から、戦後は第二次産業の確たるものに飛躍していっているということに注目していただきたいと思います。

・塩田整理事業の変遷

近代化ということになりますと、やはり古いものを切っていかざるを得ないという面があり、現実に塩田は相次いで転換していきました。

第1次塩田整理では、揚浜塩田を整理します。かなりの数が整理されました。第2次の塩田整理では、入浜塩田の効率の悪いのを切っていきます。第3次塩田も入浜の、特に十州の辺りで効率の悪いものを39％消滅させました。第4次の塩田整理で国内が7社体制になります。イオン交換樹脂膜法で国内体制を整理したときは7社でスタートしています。この中に錦海さんも入っているということになります。3社のイオン交換樹脂膜というのは、徳山ソーダ、旭化成、旭硝子ということになります。

日本の塩業には、国家の

資料7　真空式によるせんごう（昭和46年～現在）　注『備前児島野﨑家の研究』による。

介入がありました。最初は個人とか団体で右往左往しているのですけれども、それでは日本の国内の塩業はつぶれてしまうということで、明治38年1月1日に塩専売法が公布され、6月1日から施行されます。日露戦争が始まっておりますから、日露戦争に金が要ります。それでその金を調達するために塩を専売にして国家が利益を上げたのだというのが戦前の定説です。ところが戦後の研究ではそうではなくて、むしろこのままだと日本国内の塩業が消滅していくという危機を迎えていて、国内の塩業を保護するためにやむを得ずやったというふうに意見が変わってきております。

大正8年には公益専売に移って、そして、明治38（1905）年より続いてきた塩専売法が平成9（1997）年に撤廃されまして、5年の猶予期間中は塩事業法というのが施行されます。そして塩事業法は平成14（2002）年に廃止され、現在は自由化になっています。

十州同盟の推移

・「十州地区」と「非十州地区」

「十《じっ》州《しゅう》」という言葉がしばしば幕末から明治に出てきます。私たちはこれを「十州同盟」と呼んでいます。これは「休浜法」というのを実現するための同盟で、休浜法には「二九法」と「三八法」というのがあります。

幕末に塩田を作り過ぎまして、塩が大量にできるようになりました。そうすると塩の値段が当然下がります。塩業者はもうかりません。だからそれをどうしたらいいかという対策を考えます。

塩業のバイブルといわれている「塩製秘録」によりますと、既に江戸時代の中ごろ、田中藤六という周防国の出身の人が、塩田作業を休んだらどうかという提案をしています。「二九法」というのは、2月から9月まで作業して、10月から1月まで休みなさいということです。「三八法」というのは3月から8月まで作業して、9月から2月まで休んだらどうかということです。要するに操業短縮なのです。これを十州地区の塩業者が結束して進めようとするわけです。

十州というのは瀬戸内に塩田を持っている十カ国です。まず播磨の国、これは播州。あとは備前、備中、備後、安芸、周防、長門、阿波、讃岐、伊予です。県別で申し上げますと、播磨が兵庫県。備前、備中が岡山県、備後、安芸が広島県、周防、長門が山口県、阿波が徳島県、讃岐が香川県、伊予が愛媛県です。こういう十州の塩業者が同盟を組んだわけです。休浜法を実現するために、まず播磨なら播磨の国の塩業者が結束しなければいけません。備前なら備前の塩業者が結束して、この休浜法を推進するということをやっていくのです。そして、1年に1度全体集会を行って、点検をしていきました。これが「十州同盟」といわれています。

資料は、塩田面積と製塩高、そして塩田面積で製塩高を割った1町当たりの生産高と、生産力の水準が分かるようになっています。十州で見ますと、備後、安芸の辺りが非常に高い生産力を上げています。讃岐も高いです。備前はまあまあのところかなという感じになっています。非十州地区ですが、これは太平洋側、日本海側を問わず日本全国に塩田が存在していました。明治12年、13年に存在していたということが分かるわけでして、例えば下から5番目に豊前というのがあります。これは大半が福岡県で一部大分県になっていますが、ここは126町で、そんなに広くはありませんが生産力は1町当たり1730、相当高い生産力を持っています。そういう地区が全国に展開しているわけです。真ん中辺に上総・下総があって、遠江に三河というのがあります。遠江は静岡県、三河は愛知県です。

・赤穂の「塩」と「忠臣蔵」

皆さんご存じの赤穂に関係した事件で「忠臣蔵」というのがあります。元禄15年の12月14日です。

あの吉良上野介と浅野内匠頭の話のこじれは、一般に流布しているのは、わいろが無かったということです。ところが戦後になってから、びっくりするような発言が出てきました。経済企画庁長官をおやりになった堺屋太一という方がいらっしゃいます。もともと作家の方ですけれども、その方が文章をお書きになったのです。吉良上野介は三河に吉良という土地があり、吉良の仁吉という親分が幕末のころに出たと思うのですが、そこに塩田をご所有になっていたそうです。それをお知りになって堺屋さんが、「ただ単にわいろがどうのこうのといういじめよりも、要するに赤穂流の塩の作り方を吉良が教えろと言ったのだ」というのです。それに対して、「これはうちの藩の財政を賄っている宝物だから、そういう製塩を簡単に教えることができない」というので、教えなかったことがこじれの原因になったということをおっしゃったわけなのです。これは証明ができておりませんが、言われてみると、そうであるほうが何か面白いなと思い始めました。

ただ歴史をやっている者は自分で史料を作ることができません。何かそういうことを思わせるような資料がどこからか出てくると実証できるのです。今は仮説ですけれども、非常に面白い話ではあります。江戸時代のころは、それぐらい自分の藩をきちっとやっていくために、塩をかかえている藩はできるだけ高度な技術を盗もうとしているという情況下にあったことがお分かりいただけると思います。

・明治期の岡山県塩業

この表は岡山県塩業の推移です。岡山県の明治12年の塩田の状況をみると、児島郡が圧倒的に多いわけですが、その中でも味野、赤崎の約80町が野﨑浜といわれている塩田になります。

あとは田井の辺り、日比の辺りの塩田があります。それから東野﨑村というのが東野﨑浜、野﨑武左衛門が開発をした塩田です。邑久郡にもあります。和気郡にもあります。浅口郡には寄島村と勇崎村があります。笠岡を中心とした小田郡にも神島辺りにも塩田があるという状況になっています。

次にそれを地図で確認します。黒く塗ったところが野﨑家の開発された塩田ですが、鷲羽山からずっと北へ上って行ったところに旧元野﨑浜というのがあります。それが今、埋め立て、開発されまして、きちんとした土地になっていますから、ここに瀬戸大橋線の児島駅もできています。

それから東へ行きまして日比の辺、日比港の辺りへ、旧日比亀浜・岡浜という浜があります。それから玉野を通り越して行きますと旧東野﨑浜工場というのがあります。それから先ほどちょっと議論が出ました、久々井浜というのが邑久郡に存在します。こういうところが野﨑さんがかつて開発し持っておられた塩田ということになります。

もう一つ、水島コンビナートのところに旧福田新田というのがあります。これも嘉永年間に野﨑武左衛門が開発します。全体的にみて、塩田が立地している所は、かなり入り組んだ湾があって、荒海を遮ることができるような立地条件です。恐らく海水等を取る場合でも、海水の濃度が濃いのだと思います。そういうところに立地しています。

藻塩焼で申しました喜兵衛島というのが宇野の東側のほうにありますが、五つほど島があります、その一番北側の島が牛ヶ首島です。ここへ行くのに宇野から直島まで船で行きまして、直島からこの牛ヶ首という島まで連れて行ってもらいました。ここはまだ開発をされていなくて、家が1軒あるぐらいのものです。

『山陽新報』をお作りになった社主の西尾吉太郎という人がいます。その西尾さんが晩年、明治の末か大正の初めぐらいに隠せいをされた場所です。自分の最後の別荘を建てられて、そこで見つけた立派な巨石を彫って涅槃像を作ろうというので、石工を使って、ほとんど完成しています。島に上陸してどんどん歩いて行くうちに、その顔が見えてくるのです。横に寝ていてびっくりいたしました。私は、変な話でごめんなさい、三日か四日合宿をして古い資料を見て家に帰りますと、鼻毛が伸びるのです。鼻毛を切るはさみを買っておりまして、二つほど用意しております。あれで鏡を見て鼻毛を切ります。それを研究者の中では誇りにされている人がいます。鼻毛が1センチぐらい出ても平気な研究者もおりまして、私はそれを見せられると「すごく文書を読んでおられる」と思うのです。私は、その石の彫刻「涅槃像」を見たときに、びっくりしたのは彫った鼻から雑草が伸びているのです。それがとても美的に思えまして、それを抜いたほうがいいのか、抜かずに帰ったほうがいいのか、悩みながら結局抜いて帰ったのか、抜かずに帰ったのか分かりません。

対岸の田井港のほうを見ますと、引き潮になっていたら歩いて渡れるぐらいになっていまして、そういうところに素晴らしい島があって、ちょうど着いた波止場の横に製塩の跡があるのです。戦争中に自家用の塩を作ってもいいという法律ができましたが、みんなが塩を自給で作り出したときの残りかなというようなものでした。

それから、倉敷の大橋さんという方が、直島に塩田を持っておられます。その塩田の管理人は直島の庄屋さんをしているというような関係です。私はその塩田の跡には行ったことがないのですが、ベネッセが直島に最近作った第2の美術館があります。地下に美術館を作ったのですが、どうして地下に作ったのかと想像するとおそらくその上に塩田の跡があると思います。これをつぶして作るのは簡単ですけれども、あの建築家の安藤忠雄さんは、そのことを知ってそれをさせなかったのです。塩田は残して下に美術館を作るということを、おやりになったと想像しています。どうしてそういうことを申すかと言いますと、成羽美術館も安藤さんがお作りになっています。美術館に正面の道路から入ろうとしますと階段があり、その階段の真ん中に1本ツバキの木があるのです。なぜこのようなものを残すのか、館員の方に尋ねると「それは安藤さんが残せと言ったのです」ということでした。昔の遺跡、古いものを非常に大事になさって再生していくというのが、建築家安藤さんの姿勢かなと思います。


私は、3回ぐらいヨーロッパに行って塩田跡を見たりしているのですが、たとえばドイツで枝条架を見ようと思うと見ることができます。それから地下へどんどん掘っていって、パイプを通じて岩塩を溶かしてそれをくみ上げて、それを煎熬《せんごう》して塩を作るというのが、ヨーロッパの一つのスタイルなのです。そういうものが非常によく残っています。従業員は4、5人で、大きな遺跡を管理して細々と営業をやっているような、そういうのが、ヨーロッパのお城を残されるのも大変な努力がいると思うのですが、何か素晴らしいなと思います。後で述べますけれど、コルシェルトが野﨑武吉郎さんに、「ヨーロッパへ行け」ということを勧められるのです。その場合、ヨーロッパのどこを見てこいと言われたのかということが、頭の中に残っています。

それから、勇崎というところがあります。これは玉島の近くですけれど、ここに勇崎浜、押山浜という浜があります。皆さんは郷土のお土産として、よその方がおいでになったらどういうものをお勧めになるのか分かりませんが、その一つに倉敷市玉島の「志ほや」とか「鯛惣」という店があります。私が言いたいのは

「タイの浜焼き」です。「すげがさ」のようなものを折って、中にタイの白身を焼いているのがあります。私も一度食べたことがあります。私が何かの賞をいただいたときに、今日もこの会場に見えている難波俊成さんが私にタイを送ってくれたのです。私は馬鹿ですから、私の友人のご子息さんが高等学校へ入ったというので、魚屋へ行きまして、生きた大きなタイを1匹おけへ入れさせまして、それを届けたのです。向こうは感激して受け取ってくださったのですが、後になってよくよく考えると、自分で料理をするのが大変です。おそらくどこかの魚屋さんへ持っていかれて料理をされて、料理代が高くついたのではないかと思います。そういうことを考えると、難波さんは私より多少若いのですがすごく知恵者です。私はそれを何日間もいただきました。おいしいものです。

これはやはり玉島の塩づくりが関係しています。塩を作るときに煎熬するところで、器具とタイを持ってきて、きれいに洗ってそこへ漬けておくと、浜焼きができるようになりました。玉島には中塚さんという塩業者がいらっしゃるようですが、そのあたりから「志ほや」というお店と、「鯛惣」というお店ができるのです。

野崎さんのお宅の資料を見せていただいていると、明治のある時期に社員に「してはならい」という申し渡されたものがありました。その中に「タイを塩焼きにしてはならい」というのが出てくるのです。海に近いところですからタイはいくらでも捕れると思います。それをちょっと横のほうで見ながら、蒸したらいい浜焼きになったということで、当時の方々がやってこられたのかと思うのです。余談ばかりですけど、もとに返ります。

・野﨑家の塩田開発

資料8は、野﨑家の塩田開発の過程です。元野﨑浜と亀浜、東野﨑浜、久々井浜、北浜となって、全部の竈屋数が79戸、つまり79塩戸あるということです。1塩戸あたり2ヘクタールぐらいとしますと、79戸に改正反別の2町5畝をかけたものが、野﨑家が所有していた塩田ということになると思います。

瀬戸内の十州塩田の優劣が、かなり問題になったこともありました。「井上甚太郎作成の塩田等級概要表」というのがあります。井上甚太郎という人は、明治の初年のころはかなり十州の同盟について反対をした人です。明治10年代に讃岐の自由民権運動のリーダーになった方ですから、塩業者であると同時に民権運動、政治的な活動もできた方です。等級を1～8まで打っています。「等級1」のところを見ますと、味野・坂出・宇多津というのが上がっていて、味野のあたりの塩田が非常に効率がよいと分析されています。

それをもう少しきちんと書いたものが『大日本塩業全書』です。専売制が施行された直後、日本専売公社、昔でいう専売局が作った本で、そこにきちっと分析されています。東野崎浜の塩田がどういう点で優れているか、元野崎浜の塩田がどう優れているか、先ほどの井上甚太郎の指摘と合わせると、明治10年ごろの瀬戸内十州の中で一番進んだ生産をしていたと考えることができます。

少し東野崎浜を見てみますと、「(1) 一軒前の規模」というのが書いてあります。1軒前が1町9反歩で、胸上・西田井地分は2町6反歩というのが出てきます。

浜名	開発年代	塩浜反別(改正前)	塩浜改正反別	所属村	竈屋数	製塩高(1カ年)	1軒前改正反別
		町 反 畝 歩	町 反 畝 歩				町 反 畝 歩
元野崎浜(味野)	文政12	10. 3. 1. 18	33. 4. 6. 13	味野	24戸	40,080石	2. 0. 4. 00
元野崎浜(赤崎)	天保2	5. 2. 8. 01	15. 5. 0. 24	赤崎			
亀浜	天保2	3. 4. 2. 25	11. 1. 8. 20	日比，利生，向日比	5	10,000	2. 2. 4. 00
東野崎浜	天保12	20. 3. 1. 005	73. 9. 6. 07	東野崎	38	74,000	1. 9. 4. 20
久々井浜	嘉永6	2. 3. 3. 28	7. 9. 4. 12	久々井	4	8,000	1. 9. 8. 15
北浜	文久3	6. 9. 7. 17	19. 8. 0. 09	東田井地，西田井地，梶岡，上山坂，下山坂，胸上	8	16,000	2. 4. 7. 15
計		48. 6. 4.295	161. 8. 6. 25		79	148,080	2. 0. 5. 00

資料8　野崎家塩田の開発過程

注　「明治十八年十一月十七日付郡役所報告綴」による。竈屋数、製塩高は明治18年当時のものと思われる。

「(2) 堤防の構造」は、二重の石堤により堅固である、「(3) 塩田地盤の構造」がどうか、「(4) 撒砂（鹹砂）」は、どういう砂なのか、どこで取った砂で、どういうふうに毛細管現象に優れているかというようなことです。それから「(5) 沼井の構造」がどうかとか、「(6) 煎熬釜及び使用燃料」がどうかとかというふうに、特徴を挙げているのですが、要するに非常に優れた構造であるということがいえると思います。

・十州同盟の推移

「二九法」「三八法」については先ほど言いましたが、これを推進していこうというものが、瀬戸内十州、十カ国です。集会を繰り返しながら「十州同盟」というのを作り上げ、全体集会を開催した明治8年頃には、もう「十州同盟」というのが全体に行き渡っていました。1640塩戸が結集します。塩価を維持するために操業を短縮し、塩の生産量を調整して塩価を維持しようという一種のカルテルです。十州同盟に結集した人たちは、非常に危機感を持ってこれを作っていっているのですが、危機感を持つ原因の一つに、綿糖《めんとう》の問題がありました。

日本産の綿と砂糖が外国産に押されて、ほとんど消滅していったのです。名古屋周辺、大阪周辺、瀬戸内の沿岸には、江戸時代の後半、綿花が随分栽培されていました。それが、外国の綿花が入ってきたりしまして、明治18、19年頃には衰退してしまいます。砂糖も同じような運命をたどりました。そういう哀れな姿にならないようにというのが、塩業者の願いでした。外国の塩に押されるという状況の中、いかに国内塩業を守っていくかということで結束していくのです。

ところが、そういう保守的な考え方では日本の塩業を救えないという世論もちょこちょこっと出てきます。明治10年、11年に、宇野・田井・玉浜の三宅さんと青井さんという家がありまして、両方で21塩戸ぐらい経営をしているのですが、十州同盟に反旗を翻したのです。3月～8月以外も、要するに9月～2月も操業し始めるわけです。あるいは操業するにあたっては、理論を整えるということで謀反を起こすのです。似たようなことが備後・三原・岡本浜でも起こりました。数としては21塩戸、31塩戸の反乱ですからたいしたことはないのですが、そういう反乱が、要するに日本塩業をどうすれば救えるかという問題で提議をされていくわけです。その中で、その塩業者が政府に働きかけをしまして、政府と塩業界が結合するということが起こってきます。農商務省ができまして農務局が塩業の担当となります。そして地質調査所というのができます。和田維四郎さんという人が所長になり、その地質調査所の分析係というのが設けられて、そこにドイツ人のコルシェルトという人が雇われることになるのです。

明治17年には、日本の塩業をどうすればいいかという塩業諮問会等ができます。この時、この諮問会の委員などに野崎さんなども登場しました。日本の塩業を巡って二つの路線が対立しました。十州同盟を推進して日本の国内塩業を守っていくべきだとする「保護規制派」と、そのようなことでは守れないという、井上、三宅、青井の「自主改良派」です。結局は十州同盟を推進しようというほうが勝ちまして、「十州塩田同業会」を作りました。そして、農商務省に特別の通達を出させ、瀬戸内の塩業者は全部十州塩田組合に入らなければいけない、入らないと法律違反だ、入ったからには6カ月の休浜を実施しろということになったのです。

ところが、これにも井上甚太郎を中心とした東讃岐支部が反抗をします。十州塩田組合は明治21年12月にとうとう消滅します。そのあと明治31年頃になって政府は衆議院議員や貴族院議員を集めて「塩業調査会」を作り、どうやって今の国内塩業を盛り上げていくかという運動を展開していきます。この路線は、地質調査所の和田所長とコルシェルトという人が対立をしながら作り上げていったということになるのです。そこのところを詳しく見ます。

・コルシェルトによる日本塩業への提案

コルシェルトは、最初に山口県の三田尻を訪れ、それから広島の尾道へ行き、それから讃岐の坂出を訪問します。そしてこの三つの塩田を見ますが、塩業者の話の内容の貧弱さにがっかりします。コルシェルトは、すぐ経営の資料を求めますが、その資料が出てきません。がっかりして味野へ上陸したコルシェルトはどうしたかというと、「余ハ又野崎武吉郎ノ家ニ就テ其整然具備セル帳簿ヲ所有スルヲ一見セリ」

もう文政から書類蔵に棚を作ってそこに帳簿がきちっと整理してあると、

「実ニ他ノ塩田所有者ニ在テハ多クヲ見ルヲ得サル所トス」

とあります。そのあとを読んでいただきたいのですが、

「一塩田ニ就キ先年度ニ係ル製額及ヒ価格ノ景況ヲ報道セラレンコトヲ請求セリ」

一つの塩田について過去をさかのぼって10年間の経営状況が分かるような資料を出せと言うと、それが表になって出てきたということなのです。(「野崎氏営業海塩成蹟表」、コルシェルト著『日本海塩製造論』所収)

　この表で明治4年～14年までの経営状態を見ると、塩の生産高はあまり変わっていません。しかし塩価を見ますと明治4年を100とすると、かなり変動があるわけです。特に明治9、10年は半分ぐらいになっています。塩を作るのにたくさん必要になるのは石炭、すなわち燃料で、半分ぐらいを占めるのですが、その燃料は明治10年代に高くなっています。労賃も明治13年までに高騰しています。100前後で動いています。利益がどうなるかというと大変動しているわけです。ですから経営が安定していないということが分かります。コルシェルトは野崎武吉郎さんが提供した資料を分析して、日本の国の塩業はどうあるべきかを主張しました。そのために作った本が『日本海塩製造論』です。

資料9　コルシェルトの肖像

　たとえば塩田の場合、塩田に「沼井」とか「みぞ」というのがあります。コルシェルトは、機械を入れるためには沼井を撤去し、浜の溝を撤去すべきだと、塩田の構造についても言っています。ただ、結局は休浜同盟をどう考えるかという問題になります。コルシェルトは、十州の塩田家だけが結束するのでは駄目だ、全国の塩田業者が一つの会社を組織

資料10　野崎武吉郎の肖像

して技術革新を進めるべきだと言っています。そのためにも「ヨーロッパの塩業を見ろ」ということで、コルシェルトは当時の高崎県令にもの申して、岡山の野崎さんをヨーロッパに外遊させるという交渉までしました。でも野崎さんは行かなかったのです。

コルシェルトはどこを見せようとしていたのか。その場合に一つ言っているのが、蒸散屋です。これは枝条架のことのようです。日本の先駆者の中には、やはりヨーロッパを見て帰った人がいました。小野友五郎という人、ちょっと正体不明の人なのですが、長崎で修業してオランダ語をやっていたのです。それから日本の和算ですから測量、その他ができる方です。この方が東京湾の沿岸、千葉の行徳というところに早い時期に枝条架を作って実験をしています。当時は、枝条架という言葉はなくて蒸散屋といっていますけれども、これをコルシェルトは塩田、塩業に取り入れるべきだというようなことも主張しているわけです。ですからひょっとすると、野崎さんが外遊をされてドイツの枝条架等をご覧になっておれば、日本の塩業も違ってきたかもしれません。あるいはもっと近代化が早くなったかもしれないという思いがします。

資料13・14は、高崎県令を巻き込んだコルシェルトと野崎さんのやりとりです。

資料11　高崎県令の肖像

（資料13）コルシェルトの書状（和訳）

拝啓　先般来、来岡久曹君来テ切ニ余カ製塩改良ノ意見及欧米各国ノ製塩法等ヲ質問セリ、大ニ論シテ曰ク、我国ニ於テ製塩改良セントスルニ於テハ、余ハ第一着ニ外法ヲ詳カニ調査シ、彼レノ

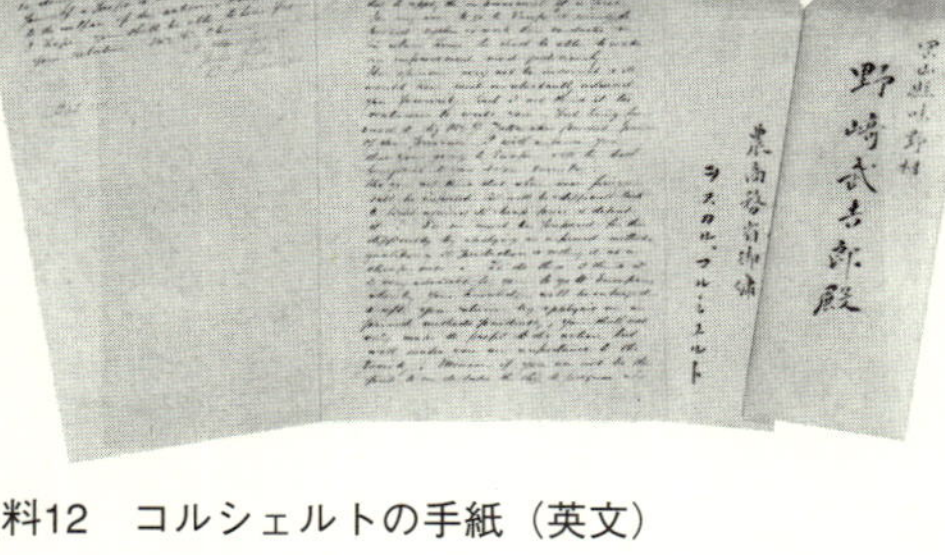

資料12　コルシェルトの手紙（英文）

長スル善良ノ方法ヲ実見シテ後チ之レヲ取テ以テ初メテ実際ニ行フベシト、是レ固ヨリ吾輩カ論ヲ俟タスシテ希望スル所ナレバ、吾輩ハ貴殿等塩業ノ諸君ニ対シ此望ヲ吐露スルヲ欲セサルニアラサレトモ、敢テ之レヲ陳述スルハ不敬ノ恐レアルヲ以テ憚リシ処ナリ、然ルニ今回高崎岡山県令ヨリ依頼タルニヨリ、其懸念モ消散シタルヲ以テ、始テ吾輩ガ意見ヲ陳述ス、請フ貴殿之レヲ察セヨ、貴殿等洋行シテ外法ヲ審査セラルレバ、独リ貴殿等ノ利益ノミナラス大ニ国家ノ繁栄ヲ致ス処ニシテ、我輩ノ敢テ保証スル所ナリ、貴殿等知ラスヤ外国食塩ノ廉価ナルコトヲ、一度外国ノ食塩ヲ輸入スルニ至ル時ハ、貴殿等ハ何ヲ以テ之レヲ防カントスルヤ、必スヤ製法ヲ改良シ原価ヲ減スルノ法ヲ設ケ品質ヲ進メズンバアル可ラズ、是レ貴殿等ノ解得スル所ナラン、加之洋行シテ欧米開明国ヲ巡察セラル丶ニ於テハ、貴殿等ノ知識ハ大ニ拡発サレ、而テ帰国ノ後、彼レガ実際ニ於テ調査シ得タル処ノ知識ヲ以テ之ヲ実地ニ施シ、彼レニ劣ラサルノ仕組ニ改良サル丶ニ於テハ、国民中ニ貴殿ヲシテ貴重ノ人物ト衆人ニ尊栄セシムルニ至ル而巳ナラズ、大ニ国家ノ安全ヲ具備スルヤ明ナリ、殊ニ今日ノ状勢ニ於テハ、貧殿ニシテ奮起シテ他衆ヲ率ユルニ非ラザレバ、誰レカ之レニ当ル者アランヤ、貴殿ヤ請フ熟考シテ、一ハ以テ国事ニ尽シ、一ハ以テ貴殿カ栄誉ト子孫ノ謀アランコトヲ、是レ余ガ高崎県令ノ依頼モアリタルニヨリ不顧失礼貴殿ニ忠告スル所ナリ、願クハ詳細ノ儀岡久曹君ヨリ聞領アランコトヲ

明治十六年十一月廿九日

ヲスカル・コルシェルト

野崎武吉郎殿

（資料14）野崎武吉郎の書状

客年十二月岡久曹帰郷シ、閣下ノ賜フ所ノ手書訳文ヲ併セ謹テ受領ス、拝読数字閣下心ヲ用ユルノ深且切ナル我国産ヲ奨ムルノ余愛施ヒテ小生ニ及ヒ、我岡山県令高崎公ノ紹介ニ因テ辱ク盛教ヲ受欽佩止ムナシ、伏テ惟フニ我国製塩ノ法未タ精カラス、費ス所多クシテ穫ル所少ナシ、外国食塩品質ノ善キ価直ノ廉ナルニ及ハサルヤ必セリ、今日ニシテ之レカ改良ノ法ヲ講習セスンハ、他日若シ外塩輸入スルアラハ将ニ大ニ憂ヘキ者アラントス、是我政府ノ夙ニ注目セラル丶処ニシテ、閣下ノ厚ク奨励セラル丶所以ナリ、今閣下ノ来諭ニヨレハ、欧米開明ノ国ニ航シ親ク実地ニ就キ其製塩ノ方法ヲ伝習シ、以テ我国製塩ノ法ヲ改良セハ実ニ国家ニ大利益アルノミナラ

ス、或ハ其知識ヲ益シ以テ名誉ヲ博ス可シト、閣下小生ヲ愛スルノ切ナル真ニ感慨ニ堪ヘサルナリ、退テ自ラ嘆ス小生固学識譾陋其任ニ在ラス、且去年春以来病ヲ穫足シ間郷ヲ出テス、況海外万里ノ遠遊ニ於テヲヤ、是万々耐ヘサル所以ヲ以閣下ノ愛教ニ副フ能ハス、閣下幸ニ小生カ心事ヲ容レ其不敬ヲ罪セラル丶勿ンバ幸甚書言ヲ尽サス、万折ル諒察アランコトヲ、謹白

明治十七年一月　　野﨑武吉郎　印

ヲスカル・コルシェルト閣下

外遊を勧めている手紙と、野﨑さんがそれに対して丁重におことわりをされた手紙です。

野﨑家「近代化」の途

・塩田王の遺訓

幕末から明治にかけて、野﨑家なりあるいはナイカイ塩業のもとになっている人たちが、どういう思いでどういう政策を実施してきたかということを考えていくと、いろいろな要素が出てきます。

一つは、次に示すような武左衛門が残した7か条の遺訓です。

（資料15）松寿院野﨑翁遺訓

申置

一身代《シンダイ》は一種の産のみ託《ヨ》せおくべからず。
吾家の如きは塩田・田地・永納《エイナフ》の三種に分つべし。かく分ち置くときは天災・凶作・変乱等にあふとも、三種の中孰れか安穏に保つことを得べき理なり。平常の生計は身代の三分一と心得たらんには危きことなかるべし

一新なる事業を企て財利を得んとする計画はなすべからず。
たゞ固有の身代を減らさじと心懸くれば自然増殖するものぞ

一無益と思ふわざには、つとめて金銭を費やさゞるやう心懸くべし、公共の利益あることにはいさゝかも吝むべからず

一家屋を建築せんとする時は、まず他日に取毀ち易く、売却するにも便利ならんことをかねて考へおくべし。又後々修繕するに費え少なきやうに心を用ふべし

一身代少しにても不如意とならば、世間に隠しだてをせずし

て速に仕法を立つべし。その仕法はまづ家屋を縮むべし。縮めかたは、第一に表座敷、次に中座敷といふ如く大にして必用ならざる建物より漸々に毀ちて売却すべし。それにても仕法立ち難くば、家業に妨けなき限りの諸道具を売却すべし。人の目にも立ち、己の心も改まらん程にせば、などか身代の立直らぬことのあるべき。かくなしてもなほ見込みたゝざらんには永納に及ぼし、最後に下田より中田と次第に売却すべし。良田は己が身命と思ひて手をつくべからず

一 一家の主人たるものは好き嫌ひのなきやうに慎むべし。好き嫌ひは偏見を生ずる本ぞかし。多くの人を召使ふ身は別けて心得べきことなり

一 新規なる事がらにあひたる時、又はこみ入りしことにて思案にあまれる時は、一家親類をはじめ、召使ひの重立ちたる者にまで能く相談して、広く衆論を聞き、さて之を決断すべし。己の所存を先きには陳ぶべからず。

右の条々は子々孫々に伝へて常に大切に之を守り、家名を墜さゞるやう心懸くべきもの也

遺しおく教まもらば生《ウミ》の子の
ちよに八千代に家は栄えん

元治元年甲子八月

野﨑武左衛門源附

経営は、武左衛門からお孫さんの武吉郎さんに相続されます。営業・経営で最も問題になるとすれば第1条です。

「身代《シンダイ》は一種の産のみ託《ヨ》せおくべからず。吾家の如きは塩田・田地・永納《エイナフ》の三種に分つべし」

「永納《えいのう》」というのは藩への貸付金と考えてください。「藩」が無くなりましたから、この「永納」に変わる言葉として、明治20年ごろには「諸公債」「公債」という言葉が出てきます。もう一つ改革をして、明治29年になりますと「国債」に絞るということになります。若干の貸付金と重立った投資先は「国債」、そして基本は「塩田」、それから米麦を作る「田畑」というのが、野﨑家の基本方針となるのです。これ以外に手を出すなということです。いくら地元で鉄道や紡績をやろうと思っても、それは危ないから手を出すな、台湾塩業は塩田ですから投資には差し支えがないということに

なっていくと思うのです。

第3条のところがなかなかいいと思います。無益なことには金銭を費やしてはならない。公共の利益があることには、惜しんではならない、「いさゝかも吝むべからず」。

第5条が「身代少しにても不如意とならば、世間に隠しだてをせずして速に仕法を立つべし」と、こういう考え方です。これを継承するということによって、うまく進んできた面があるのです。

十州同盟それから塩の専売制を作る上に、野崎さんも貴族院議員としてかなり働かれます。そして野崎さんを支えたブレーンの方々も、自分が専売制を作ったのだと豪語できるぐらい実際に運動をされたわけです。

・独自の経営方法の確立

野崎家独特の経営方式は「当作歩方制《とうさくぶかたせい》」といわれています。これを説明しないと野崎家の説明をしたことにならないと思うのが私の意見です。野崎家の資料で「塩業ニ関スル諸取調」「野崎式塩業之大要」から取った説明があります。

（資料16）野崎家の当作歩方制

野崎丹斐太郎所有ニカヽル入浜塩田経営ノ組織ハ、普通自作ノ如ク所有者ニ於テ直接製塩事業ノ衝ニ当ルコトナク、別ニ製塩事業ニ関シテハ浜店ト称スル特殊ノ機関ヲ設ケ、事業ノ管理・事業用品ノ供給及各浜ノ収支計算ヲ所管セシメ、製塩作業ハ当作人ヲシテ之ニ当ラシメ、毎塩戸当作人ヨリ小作料ヲ徴シ、製塩上必要ノ材料ハ浜店ヨリ供給シ、各浜毎ニ毎年度収支ノ決算ヲ行ヒ、其損益ハ当作人之レヲ負担シ、浜店勘定ノ収支決算ノ結果ヲ野崎本店ノ計算ニ移シ、尚各塩戸ノ純損益ハ一定ノ歩合ニヨリ地主及当作人之ヲ分担スルノ組織ナリ

十州の塩業者たちは、その塩田を経営する前に大体多くは、「浜問屋付小作制度」というのを採用しています。簡単にいうと、ここへ1軒前の塩田があります。これは1軒前ですからほぼ2ヘクタール、ここにたくさん沼井があるわけです。土地を所有した人は、これを自分で経営しないのです。たとえば藤戸の星島さんなどは、明治24年ぐらいにお金を貸し付けて、貸し付けた相手から塩田が2軒前ぐらい入ってきます。そう

すると星島さんは、塩田経営は分かりませんから、塩田経営をなさらずにこれを小作にして、一定の小作料を徴収するというわけです。そういう制度です。

請け負った小作人は、田畑の小作人とは少し違います。自分がこの塩田を経営する立場ですから、田畑の小作人よりももう少し力量がいるわけです。この人が「大工」とか「当作人」とかいわれて、ここに10～15人の浜子を雇って、自分の才能で塩づくりをするわけです。そして塩を売り小作料を支払います。プラスになればそれが自分の稼ぎになるのです。給料はもちろん小作人が、自分が雇った労働者に払っていくわけです。景気がいいときには大変な利益を上げることができて、3年ぐらいやると地主からこの塩田を買い取ることができるという時期もありました。これが一般的に瀬戸内で展開をしたわけです。

ところが、野崎さんの場合は、79塩戸を自分が直接経営したい。そこから出てきたのが「当作歩方制《とうさくぶかたせい》」という制度だと思います。

「当作歩方制」では、それぞれ小作人に似た「当作人」を指名します。そうすると、その当作人が自分の責任でこれを経営するのですが、どこが違うかというと、全部を統括する「浜店」という店が帳簿を握ります。全部を管理下に置くわけです。浜店から当作人に、たとえば燃料がいるとすると燃料を帳面に付けて売ります。労働者の賃金を払い、出来上がった塩を売ってくれと売ります。もちろん、定まった小作料（塩加地子）も差し引きます。そうやってここへプラスが出てきたり、マイナスが出てきたりするのです。

幕末にマイナスが出てきて、経営ができないというような状況になったときに、おそらくこのマイナスを「おまえたちだけが負担するだけではなく、私も負担をしてやる。その負担をするためには、このプラス、マイナスを分けるため、ここへ『歩』を設定しよう。おれが5歩、おまえのほうが5歩取りなさい」というふうに、「歩」を設定します。マイナスの場合はそのマイナスの「歩」を半分に、プラスになっていけば、そのプラスは野崎家に入るのです。当作人にも入ります。こういう「歩分け」をしたと思います。これが「当作歩方制」といわれている制度です。

一見、これは小作制のように見えますけれども、そうではありません。当作人が得をしているように思えますけれども、浜店も野﨑家も得をするわけです。利益が上がればです。だから利益を上げるように、請け負った当作人も働くだろうということです。そうすると利益が上がり、その利益を「歩」に応じて配分をすることが可能になるのです。

フランスに「分益小作」という制度があるそうです。この「分益小作制」を日本に紹介した人は、東京大学の山田盛太郎《やまだもりたろう》先生で、これを日本で採用したのが藤田農場なのです。児島湾にできます藤田農場は大きな農場ですから、これをテストするために三つに分けたのです。一つは直営です。藤田そのものが労働者を雇って稲を植えてみて、プラスになるかマイナスになるか。それから3分の1を小作に出し、小作料だけを取ります。加地子《かじし》といいます。あと利益が上がれば小作人に、マイナスになったらそれは藤田が貸すわけです。小作人が借金を背負うという形になります。残り3分の1に作ったのが「分益小作」です。この場合は、この土地を借用して小作人が小作させてもらうのですから、加地子は当然納めます。そしてその上でこれを経営して、プラスが出れば「歩」に応じてプラスをもらうのです。マイナスになれば、そのマイナスの部分を藤田も補てんをしてくれるという「分益小作制」です。

藤田農場を開発するときに、開発を巡って25か町村と20年近く猛烈に紛争が起こるわけです。そして明治31年か32年に、間に入って調停をされるのが野﨑さんです。そのあと藤田農場が発足します。そのとき野﨑さんのところへ、支配人の本山彦一（のち大阪毎日新聞社社長）が、どういうふうにすれば広大な土地をうまく経営できるのか聞きに来ているのです。そのときおそらく田畑の経営も聞いていると思います。塩田の経営も聞いたと思います。そのときに野﨑家が採用している「当作歩方制」というのを聞いて、「こんな面白いものがある。実験的にやってみよう」というので、大体3分の1を実行したのではないかと思うのです。

山田盛太郎先生は、藤田農場がフランスから理屈を知って「分益小作制」を採用したと言っています。しかし、私はそれにには疑問をもっています。偉い先生がフランスの理論もあり、実態もあるものを引っ張ってきたのでしょうが、しかしそれを藤田が導入し使ったという確証は無いわけです。藤田農場の支配人が野崎さんのところへやって来て、広大な土地の経営方法を聞いて、野崎家が採用している「当作歩方制」を聞いて帰っていき、面白いからやってみようということでやったのではないかと思っています。

理解の仕方がなかなか難しいのですが、そういう独特の経営方法です。ほかの十州の塩業者で、利益を歩分けにした帳簿を残している塩業者はいません。大体、帳簿が残らない、非常に大ざっぱな経営が多い中で、野崎家は素晴らしい経営をしているということが一つ特徴としていえるかと思います。

・塩専売制の評価

最後に、おうちにお帰りになりましたら、ぜひこれをお読みいただきたいというのが、最後の資料です。井原出身の阪谷芳郎《さかたによしろう》という人がいます。この阪谷芳郎という人は、興《こう》譲《じょう》館《かん》を作った阪谷朗廬《ろうろ》の四男として生まれました。大蔵大臣まで昇ります。専売制を作ったときには、大蔵次官だったと思います。

明治44年、野崎家の総務部長をしていた小西さんという人が、43年に野崎家を辞めてトルストイに会いにいくのです。その最後のご奉公で阪谷芳郎を訪ねまして、野崎家も、官僚の人も、政治家の人も一生懸命やった「塩専売制」というのが、果たしてどうなっていくのかという質問をしました。それに対する答えが、多少時間がかかって届いているのです。これをどう見るかということなのですが、内容がすごいのです。私がこれを紹介するのは、3度目ぐらいになります。

「男爵より　曽て小西君より塩田の前途ハ如何になる見込か、野崎家之資産としても営業歴史からしても兼々研究且心配致置る趣申出に相成、其専売案は自分在職中の成案故、今も気に懸け居る訳、且ハ野崎家を敬愛するに就て心配に存し居る問題なるが、丁度よき時

資料17　阪谷芳郎像

資料18　小西増太郎像

に来訪被下候…」

　これは田辺さんという野﨑家の筆頭理事の人が阪谷を訪ねたときに、阪谷が小西からこういう質問を受けているので、あなたに伝えるよと言ったことです。次のところからが核心です。

「堂も今の塩専売ハ漸次に基礎動揺し、其効力範囲縮小の傾向あるへく察せられ候、他日税制整理等のぁる時にハ廃止するかも難計（此の処心配もアルマジク、又唯《ただ》で潰す事もあるまじとハ思へども）、在野政客に議論多き耳《のみ》ならず、実ハ朝鮮の寺内さん…」

　寺内さんというのがおります。朝鮮総督府の長官、陸軍大臣です。

「実ハ朝鮮の寺内さんなぞハ、近来朝鮮の財源に食塩を作り内地に売り込まして貰ひ度、シカスレバ朝鮮の経営費を母国より年々補給する高ハ、数年の後に塩の益金で其大部分を得る見込也と被申居候、コンナコトハマダ下給（級）属僚や政客の耳にハ入り居らぬから（内分にと被申候）世間の問題とハなり居らぬも、或ハ他日此要求を入ると同時に、今の内地塩保護政策ハ撤廃も難計（急ニハ変リアルマジキモ）、野﨑家ハ須《スベカ》らくソンナコトの無き内に所有の塩田を（何程御所有かとの尋故、八十戸前計ならんと答候処、一軒何程の評価かとの尋に付、詳しくハ知らぬも壱万五、六千円から安くも壱万弐千円位ハ致すならんと答へ置候）半分位に御減しになり置き、或ハ朝鮮の田地又ハ台湾の塩田又ハ北海道の山林等其資本の卸し場ハアルベク、都会の地処ヲ貸セ地用に買も又一方法ならんが、兎に角今の塩田ハ人為政策で無理に育て上げてアル訳で、一朝台湾・朝鮮等より天日塩の輸入を多くされる時ハ、自立六ケ敷モノ故、真の財産タル資格ハ無シ、人の気の付かぬ内に減少して置ハ適当之処置にハアラズヤと窃に思居る自分も、自分の作りし方案ながら、此専売法ハ安全ノモノトハ今デハ思へカネテヲルと真情真意の心添へ有御座候」

　「売却したらどうか」とあります。その前に「何程御所有か」という質問がありまして、「八十戸前」とありますから79戸です。ですから、これかける79戸資産がある、という文章なのです。作った本人が、あまりもたないよと言っているのですが、実際には「塩専売法」というのは延々と、つい最近まで残って、内地の塩業が保護されました。しかし、そのために塩業の自主的な近代化が遅れたかもしれない。NHKの『そのとき歴史は動いた』という番組があります。私は、これまでの話をしながらどの場面がどうだったかと思うと、やはりコルシェルトの進言を入れてもし野﨑さんがヨーロッパへ行かれていたら、日本の塩業はどうなっていったか、というところに興味があります。

たいへん大雑把な話を、御静聴いただきまして、どうも有難うございました。

あとがき

このたび、山陽学園大学・山陽学園短期大学社会サービスセンターの編集になる『日本のイノベーション・岡山のパイオニア1』を発刊する運びとなりました。

昨今、安倍前首相は日本の重要課題として、「よりよい技術、さらなるイノベーション」を唱え、またブレア英国首相も二〇〇四年の演説で、「教育」の最重要を提言して就任しました。

イノベーションと教育において、岡山県が近代日本の展開の中できわめて先進的な役割を果たしてきたことは周知の事実ですが、今日の時点であらためてその歴史を回顧してみることは、有意義な試みと思われます。

このような趣旨に御賛同賜り、御協力いただきました講師の先生方に厚く御礼を申し上げますとともに、毎回熱心に聴講していただきました受講生各位に厚く感謝を申し上げます。さらにまた、本書の発行にあたりまして、本大学・短大協助会から絶大な御支援をいただきました。特に、会長能登原昭夫先生からは温かい激励の数々を賜りました。心より厚く感謝申し上げる次第です。

最後になりましたが、種々御尽力をいただきました吉備人出版の金澤健吾氏をはじめ、細心の御努力を賜った編集子各位に心より厚く御礼を申し上げます。

平成19年10月1日

社会サービスセンターを代表して
太田健一
山陽学園大学特任教授

あとがき

講師紹介

柴田　一

1930年、岡山市に生まれる。就実大学名誉教授。著書は『近世豪農の学問と思想』（新生社、大空社）、『渋染一揆論』（八木書店、明石書房）、『岡山藩郡代　津田永忠』（山陽新聞社）、『吉備の歴史に輝く人々』（吉備人出版）。

三宅　康久

1960年、岡山市に生まれる。山陽学園大学非常勤講師。著書は『現代に生かす山田方谷の藩政改革―その経済政策を中心として』（大学教育出版）など。

森元　辰昭

1944年、岡山県に生まれる。岡山大学経済学部講師（非常勤）。著書は『近代日本における地主・農民経営』（御茶の水書房、単著）、『近代日本における地主経営の展開』（お茶の水書房、共著）、『明治七年府県物産表の作成過程について』（『岡山県史研究』第２号）。

中島　茂

1953年、大阪市に生まれる。山陽学園大学教授。著書は『日本の産業構造と地域経済』（共著、大明堂　1997年）、『綿工業地域の形成』（大明堂　2001年）、『日本経済地理読本（第７版）』（共著、東洋経済新報社　2004年）。

目瀬　守男

1932年、岡山県津山市に生まれる。岡山大学名誉教授、美作大学学長。著書は『ぶどう作の経営と経済』（明文書房）、『地域資源管理学』（編著、明文書房）、『岡山県農業・農村の活性化』（監修、農林統計協会）。

利守　忠義

1940年、岡山市に生まれる。昭和39年、岡山大学卒。昭和41年、東京農大短期卒。昭和41年、利守酒造（株）入社。昭和53年、代表取締役就任、現在に至る。

坂本　忠次

1933年、倉敷市に生まれる。関西福祉大学教授、岡山大学名誉教授。著書に『日本における地方行財政の展開』（御茶の水書房）、『大正デモクラシー期の経済社会運動』（同）、『新修倉敷市史』『大正デモクラシーと倉敷の人びと』『倉敷の歴史』第１号所収。

阿部　紀子

1976年、岡山県玉野市に生まれる。山陽学園大学非常勤講師。著書は『大阪府・岡山県行政と住民運動』『奈良史学』第21号所収（奈良大学史学科）、『ドイツ・エルバーフェルド制度と日本の社会事業ー岡山県済世顧問制度と大阪府方面委員制度にみるー』『倉敷の歴史』第16号所収（倉敷市）。

近藤紗智子

1944年、熊本市に生まれる。岡山大学大学院環境学研究科博士後期課程2年。著書は『地域経済再生への胎動』（岡山県自治体問題研究所　2007年）共著。

太田　健一

1936年、岡山市に生まれる。山陽学園大学特任教授。著書は『日本地主制成立過程の研究』（福武書店）、『備前児島野﨑家の研究』（共著、（財）竜王会館・山陽新聞社）、『岡山県の百年』（共著、山川出版社）、『山田方谷のメッセージ』（吉備人出版）、『小西増太郎・トルストイ・野﨑武吉郎ー交情の軌跡』（吉備人出版）。

日本のイノベーション・岡山のパイオニア 1

—山陽学園大学・山陽学園短期大学　2007年公開講座—

2007 年 11 月 1 日　初版第 1 刷発行

編　者　山陽学園大学・山陽学園短期大学社会サービスセンター
〒703-8501　岡山市平井1-14-1
電話086-272-6254　ファクス086-273-3226

発行者　山川隆之
発行所　吉《き》備《び》人《と》出版
〒700-0823　岡山市丸の内2丁目11-22
電話086-235-3456　ファクス086-234-3210
振替01250-9-14467
メールbooks@kibito.co.jp
ホームページhttp://www.kibito.co.jp
印刷所　株式会社三門印刷所
製本所　日宝綜合製本株式会社

ISBN978-4-86069-182-0